AF208639

Rufus C. Kalt

Die Wirtschaft verstehen

Was die Welt antreibt

Bibliografische Information der Deutschen Nationalbibliothek
Die Deutsche Nationalbibliothek verzeichnet diese Publikation in der
Deutschen Nationalbibliografie. Detaillierte bibliografische Daten sind
im Internet über dnb.dnb.de abrufbar.

Verlag: BoD · Books on Demand GmbH, In de Tarpen 42, 22848
Norderstedt, bod@bod.de
Druck: Libri Plureos GmbH, Friedensallee 273, 22763 Hamburg

ISBN: 978-3-7693-9886-1

2. Auflage 2025

Inhalt

Kapitel 1

Was ist Wirtschaft und warum ist sie wichtig?

In der heutigen Welt, die von ständigen Veränderungen und komplexen Zusammenhängen geprägt ist, spielt die Wirtschaft eine wesentliche Rolle. Wirtschaftliche Entscheidungen beeinflussen fast jeden Aspekt des Alltags – vom Preis der Lieblingssüßigkeit bis hin zu den Chancen auf einen gut bezahlten Job.

Doch was genau ist *Wirtschaft*? Warum ist sie so wichtig für unser Leben? In diesem ersten Kapitel werden wir die Grundlagen der Wirtschaft erkunden und herausfinden, wie sie unser tägliches Leben und die Gesellschaft, in der wir leben, formt. Egal, auf welchem Wissensstand man sich zurzeit befindet, hier wird der Grundstein für das Verständnis der komplexen doch zugleich auch faszinierenden Welt der Wirtschaft gelegt.

Der Begriff der Wirtschaft kann aus zahlreichen Perspektiven betrachtet werden, weshalb Definitionen, oftmals der Situation geschuldet, teils voneinander abweichen. Die Grundessenz ist bei allen jedoch dieselbe, selbst wenn diese auch nicht immer direkt auf Anhieb zu erkennen ist. Wirtschaft wird gerne auch Ökonomie genannt, da sich beide Begriffe dieselbe Bedeutung teilen. Doch wie lautet nun die Definition des Wortes *Wirtschaft*?

Die Wirtschaft, oder auch Ökonomie, wird durch Menschen, Maschinen und Unternehmen beziehungsweise Betriebe gebildet. Diese Akteure machen den Begriff des Angebotes und der Nachfrage erst möglich.

Daraus erschließt sich, dass das Wort Wirtschaft alle Aktivitäten abdeckt, welche Angebot und Nachfrage ermöglichen. Sprich alles, was hergestellt wird, alle Dienstleistungen, die erbracht werden, all das baut das Fundament für das Wort Wirtschaft. Die

Ökonomie ist das komplexe System, das den Austausch von Gütern und Dienstleistungen zwischen Menschen, Einrichtungen und Ländern regelt. Sie beinhaltet alle nur erdenklichen Vorgänge, die zur Produktion, Verteilung und dem Konsum von Waren und Dienstleistungen führen. Doch dies ist bei weitem nicht alles, denn dabei spielt sie ebenso eine entscheidende Rolle bei der Generierung von Wohlstand, indem sie ermöglicht, dass Ressourcen effizient genutzt werden und Produkte dort verfügbar sind, wo sie gebraucht werden. Durch die Interaktion von Angebot und Nachfrage auf Märkten entstehen Preise, die den Wert von Gütern und Dienstleistungen bestimmen und somit zur Schaffung von Wohlstand beitragen.

Beim Erwähnen des Begriffs Wirtschaft assoziieren die meisten Menschen unmittelbar die Börse, hochkomplizierte mathematische Formeln, scheinbar unendliche Zahlenmodelle oder möglicherweise auch Banken, verschiedene Währungsarten und nicht zu vergessen eine Menge Geld. Das ist auch alles korrekt und fällt unter den Begriff Wirtschaft, jedoch deckt dieses Wort ein viel breiteres Spektrum ab. Zum Beispiel betreffen wirtschaftliche Entscheidungen jeden im Alltag. Angefangen bei den Preisen im Supermarkt, die durch Angebot und Nachfrage gebildet werden. Die Höhe der Vergütung im Job ist ebenso von Relevanz. Die Kosten des Handyvertrags haben sich mal wieder um einige Prozent erhöht oder schlichtweg der Brötcheneinkauf beim Bäcker am Sonntagmorgen. All das ist Wirtschaft.

1.1 Mikro- vs. Makroökonomie

Um einen genaueren Überblick über den Begriff der Wirtschaft zu erlangen, wird dieser in etliche Bereiche unterteilt. Die wohl zwei zentralsten und vor allem wichtigsten Bereiche sind die Mikroökonomie und die Makroökonomie. Ganz egal, ob man bereits etwas hierüber weiß oder ob man beim Hören dieser

Wörter doch eher im Dunkeln tappt, auf den folgenden Seiten widmen wir uns den Grundlagen und Unterschieden der Mikro- und Makroökonomie.

Das Wort Mikroökonomie setzt sich leicht erkennbar aus zwei Wörtern zusammen. Dass Ökonomie so viel wie Wirtschaft bedeutet wissen wir bereits, somit verbleibt lediglich das Wort *Mikro*. *Mikro* stammt ursprünglich aus dem Griechischen und bedeutet *klein* oder *winzig*. Mikroökonomie bedeutet also so viel wie *kleine Wirtschaft*.

Alles, was unter das Wort Mikroökonomie fällt, befasst sich mit den Verhaltensweisen und Entscheidungen von Wirtschaftseinheiten sprich verschiedenen Märkten, Firmen und Haushalten. Wichtig ist hierbei, wie die verschiedenen Akteure ihre zur Verfügung stehenden Ressourcen unter der Bedingung der Endlichkeit nutzen und inwiefern sie auf Preisänderungen reagieren. Dies ist nichts anderes als Angebot und Nachfrage, welche wir soeben bereits angeschaut haben. Von Bedeutung sind logischerweise daher auch Güter und Dienstleistungen und die Preisbildungen auf Märkten. Selbst das Verhalten einzelner Unternehmen und die Verteilung von Einkommen und Ressourcen sind von großer Relevanz.

Was fällt einem hier also auf? Zwar reichen all diese Themen weit hoch bis in die Spitzen der Wirtschaft und haben alle eine enorme Relevanz, jedoch scheint es so als sei der Mensch noch mit einbezogen. Denn interessanterweise bewegen wir uns in der Mikroökonomie auf einer detaillierteren Ebene, die den direkten Einfluss menschlichen Verhaltens auf wirtschaftliche Prozesse betrachtet. Damit will ich vereinfacht sagen, dass hier selbst noch auf die sehr kleinen Dinge wie das Einkommen bei einem lokalen Betrieb geachtet wird, was selbstverständlich ebenfalls relevant, verhältnismäßig allerdings nicht wirklich von Bedeutung ist. Abgesehen davon, lässt sich jedoch sagen, dass diese Themen, auch wenn sie im Vergleich zur Makroökonomie, auf die wir gleich eingehen werden, als spezifischer betrachtet werden, ebenso fundamental für das Verständnis der Funktionsweise von Märkten und der wirtschaftlichen Entscheidungsfindung sind.

Da wir uns mit den Grundlagen der Mikroökonomie auseinandergesetzt haben, folgt nun logischerweise das Gegenstück, sprich die sogenannte Makroökonomie. Makro leitet sich von dem griechischen Wort *makros* ab und bedeutet *lang* oder *groß*. Makroökonomie heißt also nicht mehr als *große Wirtschaft*.

Das Wort Makroökonomie deckt alle Gesamtaspekte der Wirtschaft ab und untersucht im Gegensatz zur Mikroökonomie größere wirtschaftliche Zusammenhänge und Phänomene auf nationaler als auch globaler Ebene. Wichtig ist hier beispielsweise der Arbeitsmarkt, der die Arbeitslosenquote und die Beschäftigungsrate beinhaltet. Ersteres misst den Anteil unserer Bevölkerung, der arbeitslos ist und aktiv nach einer Arbeitsstelle sucht. Letzteres spiegelt den Anteil der erwerbsfähigen Bevölkerung, der beschäftigt ist also zurzeit einer Arbeit nachgeht. Andere Kernbereiche sind die Wachstums- und Produktionsanalyse, unter die das Bruttoinlandsprodukt, kurz auch BIP, und das Wirtschaftswachstum fallen. Das BIP misst den Gesamtwert aller in einem Land produzierten Güter und Dienstleistungen. Das BIP ist sehr aussagekräftig, da mithilfe dieser Kennzahl die wirtschaftliche Leistung eines Landes bewertet werden kann. Die Inflation mit den beiden Themen Preisniveau und Inflationsrate ist ebenso fundamental. Während das Preisniveau sich auf die durchschnittlichen Preise von Waren in einer Volkswirtschaft bezieht, ist die Inflationsrate, die Rate, die angibt, wie das Preisniveau über die Zeit ansteigt. Weitere zentrale Themen sind die Geldpolitik also die Maßnahmen einer Zentralbank, um die Geldmenge zu steuern, Zinssätze zu bestimmen und die Wirtschaft im Allgemeinen zu stabilisieren und Fiskalpolitik sprich die gezielte Beeinflussung von Ausgaben und Steuern, um konjunkturellen Schwankungen entgegenzuwirken. Makroökonomie beschreibt somit alle großen wirtschaftlichen Trends und Probleme und die damit zusammenhängenden politischen Maßnahmen, die der Wirtschaft im Idealfall zugutekommen und sie stabilisieren.

Mikroökonomie	Makroökonomie
Einzelne wirtschaftliche Einheiten (Haushalte, Unternehmen, Märkte)	Gesamte Wirtschaft (national und global)
Preisbildung, Konsumverhalten, Marktgleichgewicht	Wirtschaftswachstum, Inflation, Arbeitslosigkeit
Verhalten und Interaktion von Einzelakteuren	Gesamtwirtschaftliche Stabilität und Wirtschaftspolitik

Nach Abschluss eines Kapitels sind jeweils zwei Übungsfragen aufgelistet, um das Gelesene zu reflektieren. Dies soll dabei helfen das Gelesene zum Gelernten zu machen, es schneller zu verinnerlichen und dazu anregen, über die genannten Dinge noch einmal nachzudenken.

Übungsfragen

1. Welchen wirtschaftlichen Entscheidungen begegnen Sie täglich?

2. Was unterscheidet Mikroökonomie von Makroökonomie?

....

Beispielhafte Lösungen

1. - Preisbildung
   - Vergütung im Job
   - alle Leistungen, die erbracht werden und im Kontext zu Gütern und Dienstleistungen stehen

2. Während die Mikroökonomie sich auf einzelne wirtschaftliche Einheiten sprich Haushalte, Unternehmen und Märkte fokussiert, liegt der Fokus bei der Makroökonomie auf dem gesamten wirtschaftlichen Geschehen. Bei der Mikroökonomie spielt außerdem das Verhalten und die Interaktion von einzelnen Akteuren eine zentrale Rolle, während es hingegen bei der Makroökonomie eher um die gesamtwirtschaftliche Stabilität und die Wirtschaftspolitik im Allgemeinen geht.

13

Kapitel 2

Angebot und Nachfrage: Die Grundlagen

Die wirtschaftlichen Prinzipien von Angebot und Nachfrage bilden das Fundament für das Verständnis von Marktmechanismen und Preisbildung in einer freien Marktwirtschaft. Im vergangenen Kapitel wurde dieses Thema bereits im Kontext zu Wirtschaft im Alltag kurz erwähnt. Widmen wir uns nun dem aus marktwirtschaftlicher Sicht wichtigen Thema von Angebot und Nachfrage etwas intensiver.

Jeder ist in der Vergangenheit mindestens einmal durch einen Supermarkt oder ein Modegeschäft gelaufen und hat sich gefragt, wie genau nun die Preise der dort zum Verkauf stehenden Produkte zustande kommen - vor allem im Hinblick auf die vergangenen Jahre, in denen wir branchenübergreifend eine deutliche Inflation zu spüren bekommen haben. In den meisten Eisdielen kostet die Kugel Eis beispielsweise nicht mehr 90 Cent oder 1 Euro, sondern ganze 1,40 Euro oder sogar 1,50 Euro, was einer Preissteigerung von rund 50% entspricht! Andere Produkte verzeichnen sogar eine Preissteigerung im dreistelligen Prozentbereich. Hier kommt wieder das Stichwort Preisbildung ins Spiel. Vereinfacht lässt sich sagen, dass der Anbieter auf der einen Seite seinen Wunschpreis fordert, dies nennt man auch den Angebotspreis. Auf der anderen Seite bietet der Kunde seinen jeweiligen Wunschpreis, auch Nachfragepreis genannt. Überschneiden beziehungsweise treffen sich diese beiden Preise, dann entsteht der sogenannte Marktpreis. Ist dies nicht der Fall, haben wir theoretisch zwar einen Käufer als auch einen Verkäufer, jedoch keinen „gültigen" Marktpreis, mit welchem beide Parteien einverstanden sind.
Der Angebotspreis hängt stark davon ab, in was für Mengen das jeweilige Produkt hergestellt wird, wie teuer Rohstoffe und

Ressourcen sind und vor allem wie hoch die Nachfrage von Kundenseite aus ist: Stichwort Angebot und Nachfrage.

Wenn die Nachfrage nach einem Produkt übermäßig hoch ist und das Angebot knapp, tendiert der Preis dazu, zu steigen. Umgekehrt gilt dasselbe: Ist das Angebot übermäßig hoch und die Nachfrage tendenziell gering, sinken die Preise. Dies ist im folgenden Modell nochmals übersichtlich aufgeführt.

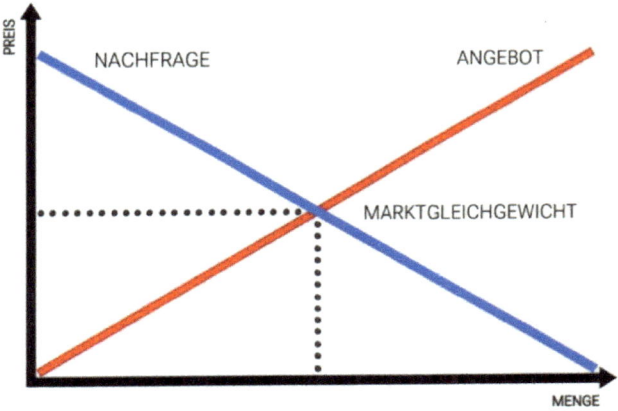

Der Schnittpunkt repräsentiert das Marktgleichgewicht, das von großer Bedeutung ist, denn dieser Wert bestimmt im Regelfall letztendlich, wie teuer ein Produkt ist beziehungsweise wie hoch der faire Wert ist.

Ein Alltagsbeispiel wäre hier beispielsweise Obst. Abgesehen von einigen Ausnahmen, kann man recht gut sagen, dass die Nachfrage nach Obst auf einem langfristigen Level gleich, also ohne allzu große Abweichungen, ist. Doch aufgrund der Wetterlage in Mitteleuropa und Spanien und anderen wichtigen Importländern, ist es während der Wintermonate als auch der Sommermonate oft deutlich schwieriger, teils sogar unmöglich für Landwirte bestimmte Produkte anzubauen. Im Umkehrschluss nimmt das Angebot von speziellen Produkten in diesen Monaten drastisch ab – in der Theorie steigt der Preis also. Ein anderes Beispiel wären Konzerttickets. Im Sommer 2024 gingen etliche Musiker auf Tour, darunter Weltstars wie Coldplay, Travis Scott oder Adele. Die Stadien waren so gut wie immer bis auf den letzten Platz ausgebucht und schienen teils fast schon überlaufen zu sein. Selbst außerhalb der Stadien standen ganze Scharen von Menschen und lauschten enthusiastisch in der Hoffnung, zumindest einige Bruchteile ihrer Lieblingslieder live hören zu können. Zur selben Zeit waren die Ticketpreise auf einem Rekordhoch. Preise im niedrigen dreistelligen Bereich waren moderat und eher im unteren Preissegment, was Tickets angeht. Doch warum ist dem so und vor allem warum sind die Stadien trotzdem alle bis zum Rand mit Menschen gefüllt? Ganz einfach: Die Nachfrage ist sehr viel höher als das zur Verfügung stehende Angebot. Somit werden alle Tickets gekauft, ganz egal, ob sie 20 oder 200 Euro kosten. Das ist das wirtschaftliche Konzept von Angebot und Nachfrage.

Übungsfragen

1. Was passiert mit dem Preis eines Produkts, wenn die Nachfrage steigt, das Angebot aber gleich bleibt?

2. Bei welchen Beispielen aus dem eigenen Leben, beobachtet man das Prinzip von Angebot und Nachfrage?

....

Beispielhafte Lösungen

1. Steigt die Nachfrage, allerdings nicht das Angebot so kommt es im Regelfall zu einem Preisanstieg.

2. Hier gibt es mehrere korrekte Lösungen. Hier ein Beispiel: Ein neues Modell eines Handys kam auf den Markt und zahlreiche Leute wollten es sofort haben. In den ersten Wochen nachdem das Handy verfügbar war, war das Angebot sehr begrenzt und die Herstellung ging ebenso noch nicht reibungslos vonstatten. Der hohen Nachfrage geschuldet, lagen die Preise bei vielen Händlern und auf Wiederverkaufsplattformen deutlich höher als der ursprüngliche Verkaufspreis. Später, als mehr Geräte verfügbar waren und die anfängliche Begeisterung nachließ, sank der Preis wieder auf ein normales Niveau.

Kapitel 3

Wie Unternehmen funktionieren

Unternehmen gibt es in allen möglichen Arten und Formen, dennoch gibt es festgelegte Merkmale, die sie alle erfüllen müssen, um offiziell als Unternehmen betitelt werden zu dürfen. Laut dem statistischen Bundesamt wird ein Unternehmen in der amtlichen Statistik als kleinste rechtlich selbstständige Einheit definiert, die aus handels- bzw. steuerrechtlichen Gründen Bücher führt und eine jährliche Feststellung des Vermögensbestandes bzw. des Erfolgs der wirtschaftlichen Tätigkeit vornehmen muss.[1]

3.1 Verschiedene Unternehmensarten

Unterschieden wird hier in drei Unternehmensarten nämlich *Kleine Unternehmen, Mittelständische Unternehmen (KMU)* und *Große Unternehmen.* Der Begriff KMU umfasst hierbei sowohl kleine als auch mittlere Unternehmen. Doch wie genau unterscheiden sich diese Unternehmensarten nun voneinander?

Kleine Unternehmen: Diese Unternehmen beschäftigen im Regelfall bis zu 49 Personen und erwirtschaften einen Jahresumsatz von bis zu 10 Millionen Euro.[2] Sie sind häufig lokal oder regional tätig und die Firmenhierarchie ist meist flach, weswegen Entscheidungen oft vom Inhaber getroffen werden. Dies erleichtert die Dauer und den Aufwand vieler Entscheidungsprozesse enorm, was diese Art von Unternehmen sehr flexibel und anpassungsfähig macht. Zudem sind die finanziellen Mittel als auch die personellen und technologischen Ressourcen begrenzt und da die Arbeit in der Regel lokal abläuft, ist der Einfluss auf den Gesamtmarkt beschränkt.

Mittelständische Unternehmen: Diese Unternehmen beschäftigen im Regelfall bis zu 249 Personen und erwirtschaften einen Jahresumsatz von bis zu 50 Millionen Euro.[3] Sie sind oft national tätig und haben eine klare Hierarchie, allerdings verfügen die Mitarbeiter immer noch über einen direkten Zugang zur Geschäftsführung. Ressourcen haben sie ebenso mehr und diese Art von Unternehmen können in ihrer Branche marktführend sein, jedoch meist auf die nationale Ebene beschränkt. Zudem zeichnen sie sich dadurch aus, dass sie auf Ereignisse schnell reagieren, aber auch langfristig planen können.

Großunternehmen: Diese Unternehmen beschäftigen im Regelfall über 249 Personen und erwirtschaften einen Jahresumsatz von über 50 Millionen Euro.[4] Sie agieren meist global, verfügen über komplexe Strukturen und weisen eine klare Hierarchie auf, die eine Aufteilung in Abteilungen vorweist. Großunternehmen verfügen über immense finanzielle und personelle Ressourcen und haben globalen Einfluss. Diese Art Unternehmen ist weniger flexibel, investiert aber stark in Forschung und Entwicklung was oftmals zu Innovationen führt.

Zusammenfassend lässt sich somit sagen, dass kleine und mittelständische Unternehmen (KMU) oft dynamischer sind, während Großunternehmen aufgrund ihrer enormen Menge an Ressourcen und ihres Einflusses stabiler und mächtiger aber weniger flexibel sind.

Kleine Unternehmen	Mittelständler	Große Unternehmen
bis zu 49 Beschäftigte	bis zu 249 Beschäftigte	mehr als 249 Beschäftigte
Jahresumsatz <10 Mio. €	Jahresumsatz <50 Mio. €	Jahresumsatz >50 Mio. €
meist regional tätig und flache Firmenhierarchie	meist national tätig und klare Firmenhierarchie	meist global tätig, komplexe Strukturen als auch Hierarchie
sehr flexibel und anpassungsfähig	können schnell reagieren aber auch langfristig planen	beeinflussen globale Märkte, weniger flexibel

Die eben erklärte Spezifizierung hat sich sehr auf die Größe eines Unternehmens, gemessen an der Zahl der Mitarbeiter und der Höhe des Jahresumsatzes, beschränkt. Aus diesem Grund gibt es zudem noch weitere Unternehmensformen. Diese unterscheiden sich jedoch von Land zu Land und hängen sehr von den nationalen rechtlichen Rahmenbedingungen ab, weshalb sich der folgende Abschnitt speziell auf Deutschland konzentriert. Hier gibt es eine recht überschaubare Zahl an etablierten Rechtsformen für Unternehmen - man spricht von 13. In der folgenden Aufzählung beschränken wir uns nur auf die wichtigsten Unternehmensformen.

Gesellschaft mit beschränkter Haftung (GmbH): Eine GmbH ist eine Kapitalgesellschaft, bei der das Haftungsrisiko auf das Gesellschaftsvermögen beziehungsweise das Stammkapital, das bei mindestens 25.000 Euro liegt, beschränkt ist. Diese Unternehmensform zeichnet sich durch eine hohe Akzeptanz im Geschäftsverkehr aus, hat allerdings auch recht hohe Gründungskosten und erfordert umfangreiche Buchführungspflichten.

Kommanditgesellschaft (KG): Eine KG ist ein Zusammenschluss von mindestens zwei Gesellschaftern, die im selben Unternehmen sind und die gleichen Ziele und Ansichten vertreten. Hierbei nimmt einer die Rolle des Komplementärs ein, dieser haftet unbeschränkt und der andere die Rolle des Kommanditisten, dieser haftet nur mit seiner Einlage. Die KG kann sehr von Vorteil sein, wenn man nicht als einzelne Person das gesamte Risiko und vor allem die Haftung in Kauf nehmen möchte. Der Komplementär trägt dennoch das weitaus größere Haftungsrisiko. Ein Vorteil ist aber das Fehlen einer Mindestkapitalanforderung wie es bei der GmbH der Fall ist.

Aktiengesellschaft (AG): Bei der AG handelt es sich um eine Kapitalgesellschaft, deren Anteile in Form von Aktien an der

Börse gehandelt werden können. Diese Form von Unternehmen kann eine hohe Kapitalbeschaffung durch die Ausgabe von Aktien erzeugen, jedoch auch die Marktkapitalisierung drastisch sinken lassen, im Falle eines Einbruches des jeweiligen Aktientitels. Die Gründungskosen sind zudem hoch, das geforderte Mindestkapital liegt bei 50.000 Euro und die bürokratischen Hürden sind bei einer AG zahlreicher.

Genossenschaft (eG): Die eG verfolgt das Ziel durch gemeinschaftlichen Geschäftsbetrieb wirtschaftliche Vorteile für ihre Mitglieder zu generieren und ist ein Zusammenschluss von mehreren Personen. Dadurch entstehen demokratische Entscheidungsprozesse, bei welchen das Wohl der Mitglieder an vorderster Stelle steht. Von Nachteil ist grundsätzlich die aufwendige Gründung.

Um die Liste der 13 Unternehmensformen zu vervollständigen, folgen die Weiteren.

Einzelunternehmen (Einzelkaufmann/-frau)
Gesellschaft bürgerlichen Rechts (GbR)
Offene Handelsgesellschaft (OHG)
Unternehmergesellschaft (UG, haftungsbeschränkt)
Limited (Ltd.)
Partnergesellschaft (PartG)
Stille Gesellschaft
Eingetragener Kaufmann (e.K.)
Kommanditgesellschaft auf Aktien (KGaA)

Zusammengefasst kann man also sagen, dass ein Unternehmen simpel ausgedrückt eine wirtschaftliche als auch rechtliche Einheit ist, die nicht immer zwingend genau ein bestimmtes Ziel hat, das das Fundament des Unternehmens darstellt. Vielmehr verfolgt ein Unternehmen mehrere Ziele.

Ein Betrieb hingegen ist ebenfalls eine Einheit, die ein bestimmtes Ziel verfolgt, allerdings ist dieser selbstständig organisiert und erfüllt zudem einen operativen Zweck, wie zum Beispiel die Herstellung eines branchenspezifischen Produktes.

3.2 Wirtschaftskreislauf

Der Begriff des Wirtschaftskreislaufes ist essenziell, im Sinne eines funktionstüchtigen Wirtschaftssystems. Die Anzahl der vertretenen Parteien und Akteure beläuft sich im Normalfall auf fünf: Unternehmen, Haushalte, Banken, Kapitalsammelstellen und Ausland. In einem vereinfachten Wirtschaftskreislauf, der für den Einstieg mehr als ausreichend ist, handelt es sich lediglich um zwei Akteure nämlich Unternehmen und Haushalte.

Unternehmen produzieren Güter und Dienstleistungen durch die von Haushalten erbrachten Faktorleistungen. Diese Faktorleistungen sind Objekte, die nicht produziert werden können und in Unternehmen in der Produktion notwendig sind, beispielsweise Arbeitsleistung, die von Menschen erbracht wird. Sie werden vergütet und die Haushalte erwerben von diesem Geld die Güter und Dienstleistungen, die dem Unternehmen wiederum als Erlös zukommen.

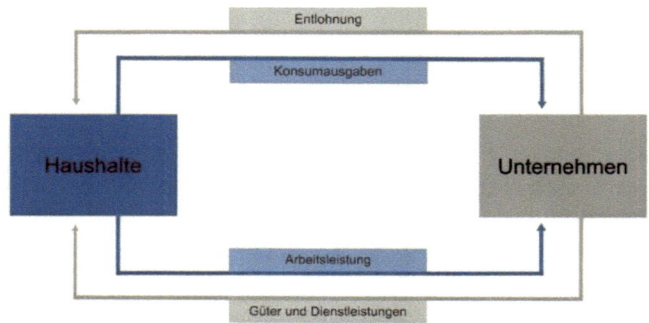

3.3 Wertschöpfungskette

Damit ein Produkt alle Herstellungs- und Vermarktungsstufen, geregelt durchlaufen kann ist, die sogenannte Wertschöpfungskette von Nöten. Diese beschreibt alle Fertigungsstufen in einer klar strukturierten Reihenfolge von Tätigkeiten, welche wiederum neue Werte schaffen, dabei aber auch Ressourcen verbrauchen. Jede Stufe der Wertschöpfungskette trägt dazu bei, das Produkt oder die Dienstleistung weiter zu veredeln und den Wert für den Endkunden zu steigern. Aus diesem Grund analysieren Unternehmen ihre Wertschöpfungskette bis auf das kleinste Detail, um Optimierungspotenziale zu identifizieren, Kosten zu senken und die Effizienz zu steigern. Stichwort: Gewinnmaximierung. Doch was genau ist das?

Wie der Begriff schon ahnen lässt, handelt es sich um eine Art Unternehmensziel, bei welchem durch das Drehen an gewissen Stellschrauben das Maximum des möglichen Gewinns des Unternehmens erreicht werden soll. Die Anzahl an Stellschrauben ist abhängig vom Unternehmen meist sehr individuell, dennoch gibt es einige Prozesse, die unternehmensübergreifend aufzufinden sind. Beginnend mit dem wohl offensichtlichsten: der Kostenreduktion.
Hier werden in der Theorie simpel die Ausgaben verringert, um so eine Steigerung des Gewinns zu generieren.
Wie zuvor erwähnt ist die Effizienzsteigerung ebenso ein häufig gesehenes Instrument, welches jegliche Abläufe optimieren soll und so die Produktivität maximiert.
Ein weiteres Mittel ist die Preisanpassung, welche die Preise optimieren soll, was im Endeffekt meist in einer Preiserhöhung stattfindet und so wiederum eine Umsatzmaximierung erzeugt.
Außerdem kommt für viele Unternehmen - vor allem in der heutigen Zeit - eine Automatisierung sprich der gezielte Einsatz von Technologien zur Reduktion von Arbeitskosten ins Spiel.

Die Maschinen lösen Menschen ab und sind größtenteils, vor allem auf lange Zeit, billiger, präziser, effizienter und zeitsparender.

Passend zum Thema Globalisierung ist der Begriff der Marktexpansion, bei welcher man neue geografische Märkte erschließt und so neue Kundengruppen ansprechen kann. Andere Mittel wären beispielsweise noch die Kundenzufriedenheit zu verbessern oder das Sortiment zu erweitern, um so den Kundenstamm stetig wachsen zu lassen.

Bei der Frage wer genau aber nun diese bestimmten Mittel und Instrumente für eine Gewinnmaximierung initiiert, kommt die Geschäftsführung ins Spiel. Sie spielt eine essenzielle Rolle in einem Unternehmen und bildet mehr oder weniger das Gegenstück zum Aufsichtsrat, der abhängig von der Größe des Unternehmens meist unter anderem aus Arbeitnehmern besteht. Was sind somit die Hauptaufgaben der Geschäftsführung? Um die langfristigen Ziele für die kommenden Jahre festzulegen, arbeitet die besagte Abteilung an der ständigen Planung zum Wohle des Unternehmens. Ebenso sind Organisation und Kommunikation wichtig, welche zum einen Struktur und Effizienz bieten, aber auch einen dauerhaften Austausch mit den Mitarbeitern, was wiederum die Weitergabe von Informationen positiv fördert. Recht offensichtlich ist außerdem, dass die Geschäftsführung die Richtung, in welche es mit dem Unternehmen weitergeht, vorgibt und, falls es nicht extra eine Abteilung für das Riskmanagement gibt, diese Tätigkeiten sprich potenzielle Risiken zu analysieren und möglichst zu minimieren beziehungsweise durch Notfallpläne abzusichern ebenfalls übernimmt. Zusammenfassend lässt sich also klar erkennen, dass jegliche Entscheidung der Geschäftsführung von enormer Bedeutung ist.

Im folgenden Organigramm ist eine einfache Darstellung einer Unternehmensstruktur aufgeführt, welche zeigt wie die verschiedenen Abteilungen miteinander agieren.

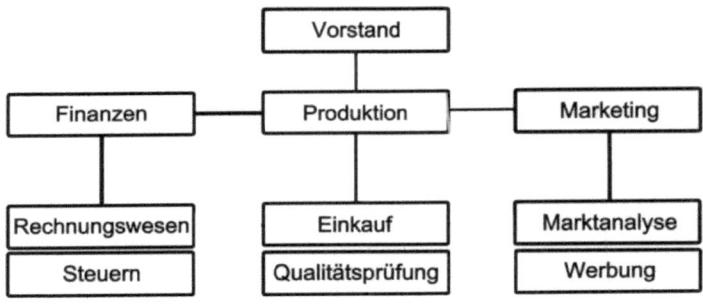

3.4 Hauptziele eines Unternehmens

Die Hauptziele eines Unternehmens lassen sich grundsätzlich in drei zentrale Kategorien unterteilen. Im Fachjargon spricht man von *Economic Objectives, Ecological Objectives* und *Social Objectives*. Dies mag sich zuerst etwas kompliziert anhören ist jedoch simpler als es scheint. Auf Deutsch reden wir von wirtschaftlichen Zielen, ökologischen Zielen und sozialen Zielen.

Wirtschaftliche Ziele verfolgen immer den Ansatz der Gewinnmaximierung und den damit einhergehenden Prozessen der Umsatzsteigerung und Kostenminimierung. Dieses Ziel ist das wohl wichtigste für den Großteil der Unternehmen weltweit. Ökologische Ziele streben nach der Förderung von Maßnahmen, die dem Umweltschutz positiv entgegenkommen wie beispielsweise der Reduzierung von Emissionen und Abfällen. Ebenso ist der Einsatz von natürlichen Ressourcen wichtig, um auf diesem Weg gewisse Nachhaltigkeitsziele zu erreichen.
Was die sozialen Ziele angeht stehen vor allem die Menschen im Vordergrund. Geachtet wird auf die Mitarbeiterzufriedenheit

und zudem stellt ein Unternehmen sich die Frage, ob es gesellschaftliche Verantwortung übernimmt, beispielsweise in Form von moralischen und ethischen Fragen.

Umsatz ist nicht gleich Gewinn. Um vom Umsatz auf den Gewinn zu kommen, sind nämlich noch einige Abzüge vorzunehmen. Es handelt sich um einen häufigen Denkfehler, welcher mithilfe der Beispielrechnung gelöst werden soll.

Beispielrechung

Unternehmen XYZ verkauft ein Produkt für **40 Euro pro Stück**. Verkauft werden hiervon **1.000 Stück pro Monat.**

Einnahmen:

Um die Einnahmen zu berechnen, gilt wie folgt:

Verkaufspreis pro Stück x verkaufte Menge

Einnahmen = 40 Euro x 1.000 Stück = 40.000 Euro

Variable Kosten:

Um die variablen Kosten und die Fixkosten berechnen zu können gelten folgende Formeln:

Variable Kosten = Kosten pro Stück x verkaufte Menge

Die Herstellungskosten (Materialien, Fertigung, etc.) betragen **20 Euro pro Stück.**

Variable Kosten = 20 Euro x 1.000 Stück = 20.000 Euro

Fixkosten:

Die Fixkosten (Miete, Verwaltungskosten, etc.) belaufen sich auf 10.000 Euro pro Monat.

<u>Gesamtkosten:</u>

Um die Gesamtkosten berechnen zu können gilt folgende Formel:

Gesamtkosten = Fixkosten + Variable Kosten

Gesamtkosten = 10.000 Euro + 20.000 Euro = 30.000 Euro

<u>Gewinn:</u>

Um den Gewinn berechnen zu können kommt folgende Formel zum Einsatz:

Gewinn = Einnahmen – Gesamtkosten

Gewinn = 40.000 Euro – 30.000 Euro = 10.000 Euro

<u>Ergebnis:</u>

Das Unternehmen XYZ erzielt bei einem Umsatz von 40.000 Euro und Gesamtkosten von 30.000 Euro einen Gewinn von 10.000 Euro.

Übungsfragen

1. Was sind die Hauptziele eines Unternehmens?

2. Wie kann ein Unternehmen seine Kosten senken, ohne die Qualität zu beeinträchtigen?

....

Beispielhafte Lösungen

1. **Wirtschaftliche Ziele:** Gewinnmaximierung, Kostenminimierung, Umsatzsteigerung
   Soziale Ziele: Gesellschaftliche Verantwortung, Mitarbeiterverantwortung
   Ökologische Ziele: Nachhaltigkeit beziehungsweise Umweltschutz

2. **Prozessoptimierung:** Effizienzsteigerung, Verschwendungen jeglicher Art reduzieren
   Mitarbeiterschulung: Durch Weiterbildungen in Form von Schulungen und Fortbildungen wird die Produktivität gesteigert
   Verbesserte Konditionen im EK (Einkauf): Durch größere Abnahmemengen bessere Preise aushandeln, Lieferanten wechseln

Kapitel 4

Der Staat und die Wirtschaft

Der Staat spielt eine zentrale Rolle in der Wirtschaft, indem er durch Gesetze, Steuern und Subventionen die Rahmenbedingungen für Unternehmen und Haushalte gestaltet. Zur selben Zeit beeinflusst die Wirtschaft das Handeln des Staates, etwa durch Konjunkturzyklen oder die Nachfrage nach öffentlichen Gütern und Dienstleistungen. Somit ist der Staat von großer Bedeutung und trägt maßgeblich dazu bei, die Stabilität und die soziale Gerechtigkeit in der Wirtschaft sicherzustellen.

4.1 Rolle des Staates

Die Beeinflussung der Wirtschaft von Seiten des Staates hängt sehr von der Art des Wirtschaftssystems ab, welches im jeweiligen Land betrieben wird. Die wohl wichtigsten lauten wie folgt:

Freie Marktwirtschaft: Die Wirtschaft wird durch Angebot und Nachfrage gesteuert und es kommt zu keinen direkten Eingriffen durch den Staat. Alle Unternehmen und Konsumenten können ihre Entscheidungen also vollständig autonom treffen. Das Paradebeispiel sind die USA.

Zentrale Planwirtschaft: Die gesamte Wirtschaft liegt in Händen des Staates. Dieser verfügt über jegliche Produktionsmittel und entscheidet über Produktion und Konsum. Diese Art wurde in der ehemaligen Sowjetunion ausgeübt und aktuell noch immer in Kuba und Nordkorea.

Soziale Marktwirtschaft: Eine Mischung aus staatlicher Regulierung und freier Marktwirtschaft. Der Markt darf frei agieren, allerdings greift der Staat ein, um soziale Gerechtigkeit zu gewährleisten. Beispiel Deutschland.

Subsistenzwirtschaft: Die gesamte Produktion von Gütern dient lediglich dem Eigenbedarf, sie ist nicht für den Markt bestimmt und deshalb von ihm unabhängig. Vertreten ist dieses Wirtschaftssystem in beispielsweise einigen ländlichen Regionen in Afrika.

Mischwirtschaft: Eine Kombination von Planwirtschaft und Marktwirtschaft. Hier agieren sowohl privat als auch staatlich geführte Unternehmen. Das System der Mischwirtschaft lässt sich in Frankreich finden.

Da wir uns nun einen genaueren Überblick über die bedeutungsvollsten Wirtschaftssysteme weltweit verschafft haben, können wir jetzt genauer auf die Frage eingehen, inwiefern der Staat die Wirtschaft in Form von Steuern, Subventionen und Regulierungen beeinflussen kann.

Das Wort *Steuern* ist sicherlich jedem ein Begriff und wird grundsätzlich verwendet, um Einnahmen für den Staat zu generieren. Dieser erhebt Steuern auf jegliche Art von Einkommen, Unternehmensgewinnen und Verbrauchsgütern. Die Einnahmen, die der Staat durch Abgaben erhält, werden für öffentliche Ausgaben wie Infrastruktur und Bildung verwendet und sollen so dem Volk wiederum von Nutzen sein. Steuern können aber viel mehr bewirken, denn beispielsweise werden durch sie auch die Verhaltensweisen von Unternehmen und Verbrauchern gesteuert. Dies läuft in der Theorie folgendermaßen ab: Ausgewählte Produkte wie zum Beispiel CO_2-Emissionen werden höher besteuert, was zur Folge hat, dass sich der Konsum merklich verringert.

Des Öfteren kommt es dazu, dass der Staat bestimmte Branchen und Unternehmen durch finanzielle Hilfen gezielt unterstützt. Dies erfolgt durch sogenannte *Subventionen*. Der Begriff stammt aus dem Lateinischen und bedeutet so viel wie *Hilfe* oder *Unterstützung*. Wenn der Staat also gezielt in bestimmte Branchen investieren oder Innovationen stärken will, dann geschieht dies durch Subventionen. Das soll Arbeitsplätze sichern und den Platz im internationalen Wettbewerb verteidigen. Spezielle Sektoren gibt es eher weniger, wodurch es solche Subventionen zum Beispiel bei erneuerbaren Energien oder auch in der Forschung und Entwicklung geben kann.

Um wirtschaftliche Aktivitäten zu steuern, nutzt der Staat Regulierungsmöglichkeiten wie Gesetze und Vorschriften in Bereichen von Umweltauflagen, Verbraucherschutz oder Arbeitsschutzgesetzen. Dadurch kann dieser sicherstellen, dass Unternehmen nachhaltig und sozial verantwortlich handeln. Weitere Mittel wären zum Beispiel auch Wettbewerbsregeln, die bestimmte Vorgänge verhindern oder die Bestimmung von Mindestlöhnen.

Mithilfe der genannten Mechanismen ist es dem Staat möglich, entweder durch direkte oder durch allgemeine Rahmenbedingungen in die Wirtschaft einzugreifen und so das Handeln der Unternehmen und Konsumenten zumindest in eine grobe Richtung zu lenken.

4.2 Haushaltsdefizite

Die höchste Aggregationsstufe eines öffentlichen Haushaltes ist der Staatshaushalt. Dieser bildet sich aus allen Einnahmen und Ausgaben der staatlichen Ebene während beispielsweise der Bundeshaushalt lediglich alle Einnahmen und Ausgaben des Bundes, sprich ohne Länder und Kommunen abdeckt. Ein

Haushaltsdefizit beziehungsweise ein negativer Haushaltssaldo entsteht dann, sobald der Betrag der im Haushaltsplan veranschlagten Ausgaben höher als der Betrag der veranschlagten Einnahmen ist. Um dieses Defizit auszugleichen, ist der Staat meistens gezwungen Schulden aufzunehmen. Ein Haushaltsdefizit kann viele Probleme mit sich bringen. Dennoch ist es in Krisensituationen oder Zeiten wirtschaftlicher Rezession für einen Staat oft vorteilhaft, Schulden aufzunehmen, da dies kann Unruhe in der Gesellschaft mindern oder die Konjunktur stützen. Im folgenden Diagramm sind die Staatsausgaben im Vergleich zu den Staatseinnahmen des jeweils ersten Quartals des Jahres 2021 bis 2024 dargestellt. Die offensichtliche Differenz der Werte der einzelnen Jahre spiegelt die Höhe des Finanzierungssaldos wider.

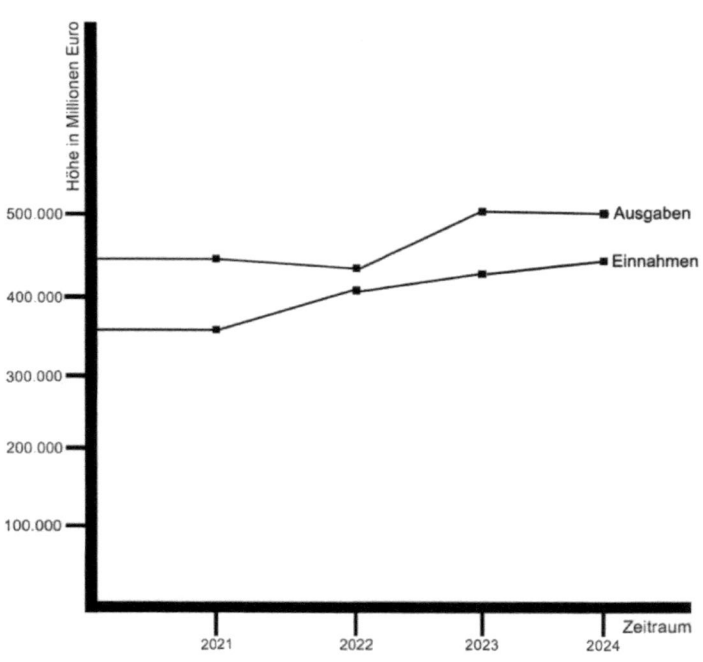

	Ausgaben (in Mio. Euro)	Einnahmen (in Mio. Euro)
Q1 2024	499.713	448.812
Q1 2023	500.479	424.689
Q1 2022	436.587	406.906
Q1 2021	448.991	357.469

Daten nach Statistischem Bundesamt [5]

Nach genauerer Betrachtung des gegebenen Diagramms mit der dazugehörigen Tabelle, stellt man sich sicherlich die Frage: Was passiert nun bei solch einem Finanzierungssaldo? Bis zu welchem Punkt ist eine Staatsverschuldung unbedenklich und was sind die positiven als auch negativen Konsequenzen solch einer Verschuldung?

Grundsätzlich lässt sich sagen, dass ein hoher Finanzierungssaldo zu einer steigenden Staatsverschuldung führt, denn je höher der Finanzierungsaldo, desto gewaltiger sind die Schulden, die der Staat aufnehmen muss. Dieser Prozess hat zur Folge, dass die Zinskosten höher sind, da die Investoren der Staatsanleihen ein erhöhtes Risiko sehen, dass der Staat seine Schulden nicht zurückzahlen kann, sprich schlichtweg zahlungsunfähig ist. Ebenso kann ein Haushaltsdefizit eine Inflationsgefahr mit sich bringen. Denn falls das Defizit durch übermäßiges Drucken von Geld finanziert wird, kann dies zu einer Inflation führen, da mehr Geld in Umlauf gebracht wird und so die Währung an Wert verliert. Falls der Finanzierungssaldo über einen längeren Zeitraum auf einem überhohen Niveau ist, kann das auch das Vertrauen der Investoren schmälern. Dies hat die bereits eben erwähnten hohen Zinssätze auf Staatsanleihen zur Folge. Allerdings muss man bedenken, dass ein Haushaltsdefizit tatsächlich auch positive Auswirkungen hervorrufen kann. Zu Beginn dieses Unterkapitels wurde schon kurz auf eine dieser Auswirkungen eingegangen, nämlich die Ankurbelung der Wirtschaft. Falls sich ein Staat beziehungsweise eine Nation in einer wirtschaftlichen Rezession oder einer Krise befindet, kann ein Haushaltsdefizit oftmals sehr von Nutzen sein. Denn durch erhöhte Ausgaben, die gezielt die Nachfrage stimulieren und in der Theorie Arbeitsplätze schaffen, wird das Wirtschaftswachstum im positiven Sinne angeregt. In ähnlichen Situationen wie Pandemien oder Finanzkrisen kann eine übermäßige Verschuldung Schocks abfedern und für Ruhe in der Gesellschaft sorgen. Sollte der Staat in Themen wie Bildung und den Ausbau der Infrastruktur, also in langfristige Investitionen investieren wollen und kann dies nur durch ein Defizit bewerkstelligen, so empfinden dies trotzdem viele Bürger als angemessen. Denn diese Art der Investition über lange Zeit führt zukünftig zu einem stetig ansteigenden Wirtschaftswachstum, was die Höhe der Schulden wiederum schmälert, beziehungsweise tragbarer macht.

Übungsfragen

1. Warum erhebt der Staat Steuern und wofür werden sie verwendet?

2. Was passiert, wenn ein Staat zu viele Schulden hat?

....

Beispielhafte Lösungen

1. Der Staat erhebt Steuern, um Investitionen zu tätigen, die im Interesse des Volkes sind. Das können zum Beispiel Bildungs- oder Gesundheitseinrichtungen sein. Das Geld kann aber beispielsweise auch zur Bekämpfung von sozialer Ungerechtigkeit ausgegeben werden. Im Allgemeinen für sämtliche Dinge, die der öffentlichen Infrastruktur und dem Wohl des Volkes dienen.

2. Durch eine zu hohe Staatsverschuldung kann eine Inflation, sprich eine Wertminderung der Währung entstehen. Dadurch verteuern sich für die Bürger die Lebenshaltungskosten. Ebenso kann der Staat weniger für soziale und kulturelle Aufgaben ausgeben, so dass der Wohlstand sinkt.

Kapitel 5

Geld und Banken: Wie funktioniert das Finanzsystem?

Im Volksmund heißt es gerne: *Geld regiert die Welt* oder auch: *Egal was passiert, die Bank gewinnt immer.* Doch stimmen diese Aussagen tatsächlich mit der Wirklichkeit überein oder sollte man sie besser nur mit Vorsicht genießen? Fragen, die sehr stark von der Perspektive abhängen und somit großen Spielraum für Antworten lassen. Der Begriff *Geld* hat viele Definitionen und Bedeutungen – oft abhängig von Land, Umfeld oder Herkunft der Person, die man diesbezüglich befragt. Wir beschäftigen uns nun mit der der Deutschen Bundesbank – einer Definition, der wohl die Mehrheit der Bürger, ohne zu zögern, zustimmen würde.

Geld begegnet uns überall im täglichen Leben, als Banknoten und Münzen, als Buchgeld auf Bankkonten oder als digitales Geld auf Karten und dem Smartphone. Entscheidend ist nicht, welches Material oder welche Form Geld hat. Entscheidend ist, dass es allgemein als Zahlungsmittel akzeptiert wird. Geld muss drei Funktionen erfüllen: Die Tauschmittelfunktion, die Funktion als Recheneinheit und die Funktion als Wertspeicher.[6]

Geld spielt somit eine zentrale Rolle in der Wirtschaft. Ohne Geld würde die Wirtschaft, so wie wir sie heutzutage kennen, kaum funktionieren. Denn zum einen müsste man auf eine Art veraltetes Tauschsystem zurückgreifen, was den Handel stark erschweren würde. Zum anderen würde das Fehlen eines zentralen Zahlungsmittels zu wirtschaftlicher Ineffizienz führen, da dies die Bestimmung des Wertes von Gütern und Dienstleistungen und den Vergleich dieser erheblich einschränken würde.

5.1 Banken und ihr Geschäft

Bank bedeutet nicht immer gleich Bank, denn es gibt verschiedene Arten von ihnen. Differenziert wird zwischen den Retailbanken, die auch Geschäftsbanken genannt werden, den sogenannten Investmentbanken und den Universalbanken, die beide Geschäftsbereiche vertreten. Die in Deutschland bekanntesten Geschäftsbanken sind beispielsweise alle Volksbanken und Sparkassen, die Commerzbank oder die Deutsche Bank. Zu den mächtigsten Investmentbanken der Welt zählen unter anderem Goldman Sachs, JP Morgan, Morgan Stanley, die Schweizer Großbank UBS, aber auch die Deutsche Bank. Wie Ihnen sicherlich aufgefallen ist wurde die Deutsche Bank bei den Geschäftsbanken, als auch bei den Investmentbanken aufgelistet. Dies liegt daran, dass sie unter den zuvor erklärten Begriff der Universalbanken fällt. Andere Banken, die ebenso in beiden Geschäftsbereichen tätig sind, lauten wie folgt: UniCredit, Commerzbank oder die UBS.

Die Ziele, Strukturen und Funktionsweisen von Retailbanken und Investmentbanken unterscheiden sich sehr voneinander, denn während in Retailbanken selbst noch auf den „kleinen Mann" geschaut wird, so stehen bei Investmentbanken eher große Deals und Zahlen mit scheinbar unendlich vielen Ziffern auf der Tagesordnung.

Im Allgemeinen lässt sich sagen, dass solch eine Geschäftsbank drei große Einkommensquellen hat: das Aktiv- und Passivgeschäft und das Kommissionsgeschäft.

Das Aktivgeschäft beschäftigt sich mit der Verwendung von Geld, das die Bank an ihre Kunden und Kundinnen verleiht, denn durch die Verleihung von Geld erzielt die Bank Zinsen. Ebenso wichtig ist die sogenannte Einlagenzinsdifferenz oder auch Zinsmarge. Dies ist die Differenz zwischen den

Kreditzinsen und den Zinsen, die auf alle möglichen Arten von Einlagen gezahlt werden. Ein weiterer Punkt sind Handelserträge, sprich die Gewinne, die durch den Handel mit Wertpapieren, Rohstoffen, Derivaten oder Devisen, also Währungen, erzielt werden.

Das Passivgeschäft ist verantwortlich für die Beschaffung von Kapital, zum Beispiel aus dem Einlagengeschäft. Wenn ein Kunde beispielsweise ein Spar- oder Tagesgeldkonto hat und darauf Geld einzahlt, wird dies als Einlage bezeichnet. Da der Kunde der Bank sein Geld anvertraut beziehungsweise es bei ihr hinterlegt, bekommt er im Gegenzug regelmäßige Zinszahlungen. Die Bank beschafft sich durch diesen Prozess neues Kapital, welches für etliche Zwecke benutzt werden kann.

Das Kommissionsgeschäft beinhaltet alle Arten von Dienstleistungen, bei denen die Bank Gebühren und Provisionen verdient. Solche Gebühren fallen beispielsweise für Kontoeröffnungen, Kreditkarten oder Überweisungen an, ebenso für Transaktionen wie Kartenzahlung, internationale Überweisungen oder simples Online-Banking. Provisionen entstehen meistens bei der Vermögensverwaltung von Kundengeldern oder durch den Verkauf von Versicherungen wie einer Lebens- oder Unfallversicherung.

Investmentbanken haben mehrere Einkommensquellen, die vor allem ihren Ruf festigen und sie von der Retailbank deutlich abheben.

Die Haupteinnahmen einer Investmentbank stammen größtenteils aus Beratung, Handel und Vermögensverwaltung. Im Beratungsbereich unterstützt die Bank Unternehmen bei Fusionen und Übernahmen (M&A) und der Kapitalbeschaffung, etwa durch Börsengänge (IPOs) oder die Ausgabe von Anleihen.

Im Gegenzug erhält die Bank Gebühren, die oft an der Höhe der Transaktionen bemessen sind.

Im Handelsgeschäft agiert die Bank als Vermittler für Kunden oder handelt mit eigenem Kapital, um von Marktbewegungen zu profitieren. Dabei verdient sie an der Differenz zwischen Kauf- und Verkaufspreisen (Market Making) oder durch den Handel mit komplexen Finanzprodukten wie Derivaten, die auf künftige Preisentwicklungen spekulieren.

Zusätzlich verwaltet eine Investmentbank das Vermögen vermögender Kunden oder institutioneller Anleger und erhebt dafür ebenso Gebühren. Sie bietet auch spezielle Dienstleistungen für Hedgefonds an, wie die Bereitstellung von Krediten oder Infrastruktur für den Handel. Diese vielfältigen Einkommensquellen sichern die Profitabilität der Bank in unterschiedlichen Märkten und verhelfen ihr zu einer führenden Rolle im globalen Finanzsystem.

5.1.1 Aufbau von Retail- und Investmentbanken

Der Aufbau von Retailbanken und Investmentbanken unterscheidet sich trotz einiger Gemeinsamkeiten sehr voneinander, weshalb dies im Folgenden genauer erläutert wird.

Um den Aufbau einer Retailbank besser verstehen zu können unterteilen wir diesen nun in sieben Bereiche:
1. Der Vertriebsbereich beziehungsweise das Kundengeschäft deckt alle Filialen und den darin meist stattfindenden Kundenservice ab. Es gibt physische als auch digitale Standorte, an denen Bankdienstleistungen angeboten werden.
2. Im Kreditvergabe- und Einlagengeschäft werden zum einen Kredite an Privatkunden und kleinere Unternehmen vergeben

und zum anderen Kundeneinlagen wie Girokonten, Festgeld und Sparkonten verwaltet.

3. In der Abteilung für Finanz- und Rechnungswesen kümmert man sich um die Verwaltung der Finanzen der Bank einschließlich Buchhaltung und Bilanzierung. Auf diesem Weg wird gewährleistet, dass die Bank finanziell stabil bleibt und all ihre regulatorischen Pflichten erfüllt.

4. Ebenfalls von großer Bedeutung ist das Riskmanagement, welches für die Beurteilung und Überwachung jeglicher Risiken, die durch die aktuelle Marktlage oder ähnliches verstärkt auftreten können, verantwortlich ist.

5. In den Aufgabenbereich des Back Offices fällt eine Art unterstützende Funktion, denn dieses arbeitet größtenteils im Hintergrund einer Bank. Hier wird für einen reibungslosen Betrieb mit möglichst wenigen unerwarteten Vorkommnissen gesorgt und es werden mögliche Arten von Problemen auf schnellstem Wege gelöst.

6. Compliance und Recht kümmern sich um die Einhaltung von gesetzlichen Vorschriften. Somit überwacht dieser Bereich die rechtliche Konformität der Bank einschließlich Datenschutz.

7. Zu guter Letzt die Abteilung Marketing und Communication. Hier beschäftigen sich die Mitarbeiter der Bank mit Dingen wie Werbung, Kundenbindung und Verbesserung des Markenimages.

Dies ist eine verallgemeinerte Struktur einer Retailbank, die weltweit eine Vielzahl von täglichen Finanzdienstleitungen ermöglicht.

Wie bereits erwähnt ähneln sich der Aufbau von Retail- und Investmentbanken in manchen Bereichen, was nach der Erklärung des Begriffes der Investmentbank klarer sein wird. In der folgenden Darstellung wird in neun Bereiche differenziert.

1. Das Herz einer Investmentbank ist das Investmentbanking. Hier berät die Bank Unternehmen bei Fusionen und Übernahmen (M&A: Mergers & Acquisitions),

Restrukturierungen oder auch Kapitalerhöhungen. Zudem unterstützen Investmentbanken bei Kapitalbeschaffung, was meist durch Aktienemissionen (IPO: Initial Public Offering) oder durch die gezielte Platzierung von Unternehmensanleihen passiert.

2. Ein Bereich, der eine Investmentbank von einer Retailbank abhebt, ist das Sales & Trading. Dieses beinhaltet zwar ebenfalls das Kundengeschäft, allerdings in einer anderen Form als in einer Retailbank. Denn hier werden alle Handelsdienstleistungen ausschließlich institutionellen Kunden, sprich Versicherungen oder Hedgefonds, angeboten. Der andere Zweig der Sales & Trading Abteilung ist der Eigenhandel, also der Handel mit den eigenen Mitteln der Bank an den Finanzmärkten. Dies umfasst den Handel von Aktien über Währungen und Rohstoffe bis hin zu hochkomplexen Derivaten.

3. Um all diese Vorgänge bestmöglich zu überwachen, gibt es die Abteilung Riskmanagement. Wie der Name schon sagt, steht hier die Überwachung und Verwaltung der Risiken im Fokus, die durch den Handel mit den soeben genannten Finanzprodukten entstehen. Das Risikomanagement befasst sich mit den Risiken auf den drei folgenden Ebenen: Markt, Liquidität und Kredit.

4. Das Asset Management ist vereinfacht gesagt für die Verwaltung jeglicher Art von Vermögen zuständig. Zum einen gibt es das institutionelle Asset Management, bei welchem große Kapitalanlagen für Kunden wie Fonds oder Versicherungen verwaltet werden. Zum anderen gibt es das Private Wealth Management, bei welchem das Vermögen wohlhabender Privatpersonen verwaltet wird. Eine Gemeinsamkeit beider Teilbereiche ist das Ziel, stetig hohe und konstante Renditen zu erwirtschaften.

5. Die Research Abteilung ist dafür zuständig, Analysen und Marktprognosen zu betreiben, sprich durch umfangreiche Marktforschung werden Trends in den Finanzmärkten und spezifischen Unternehmen gezielt bewertet. Die dadurch gewonnenen Informationen werden dann intern benutzt, also an

beispielsweise die Sales & Trading Abteilung weitergegeben oder an institutionelle Kunden weiterverkauft.

6. Ähnlich wie in einer Retailbank ist das Back Office für die Unterstützung aller Abwicklungen der Handels- und Investmenttransaktionen verantwortlich. Zusätzlich sorgt das Back Office für die Einhaltung jeglicher regulatorischer Richtlinien und sichert die Funktionstüchtigkeit der technologischen Systeme, die in der Investmentbank benötigt werden.

7. Verwandte Aufgabenbereiche gibt es in dem Bereich Compliance und Recht, denn hier verfolgt man auch das Ziel, die Einhaltung regulatorischer Anforderungen sicherzustellen, tendenziell aber eher in Bezug auf Marktmanipulation und Datenschutz. Darüber hinaus wird eine Art rechtliche Beratung für alle Geschäftsbereiche der Investmentbank angeboten.

8. Die Abteilung Finanz- und Rechnungswesen ist für die finanzielle Überwachung von Transaktionen der Bank zuständig. Sie führt die Buchhaltung und versucht, ständig die bestmögliche finanzielle Stabilität zu sichern.

9. Die letzte Abteilung, welche dennoch von großer Bedeutung ist, ist das Marketing in Verbindung mit Kundenbeziehungen. Im Mittelpunkt steht zum einen die Stärkung der Beziehungen zu institutionellen Kunden und zum anderen wird ununterbrochen daran gearbeitet, das Kundennetzwerk zu pflegen – im besten Fall auszubauen.

Die gemeinsame Zusammenarbeit der eben genannten Bereiche führt zu einer klaren Struktur, die es einer Investmentbank ermöglicht, tagtäglich mit hochrisikoreichen Finanzinstrumenten zu handeln und ihren Kunden komplexe Finanzdienstleistungen anbieten zu können.

Nach genauerer Betrachtung beider Arten von Banken, lässt sich nun feststellen, dass beide, sowohl Retailbank als auch Investmentbank, ihre Alleinstellungsmerkmale, Vorteile aber auch Nachteile haben. Es gibt einige Abteilungen, die in beiden

Arten von Banken vertreten sind, wiederum aber auch andere, die es ausschließlich in der Retail- beziehungsweise Investmentbank gibt.

5.2 Zentralbanken und Geldpolitik

Wenn man von der *Bank der Banken* spricht, dann kommt einem womöglich eine global agierende und mächtige Bank wie JPMorgan Chase & Co. oder die Bank of America in den Sinn, was an sich auch gar nicht falsch sein mag. Dennoch, wenn man über die *Bank der Banken* spricht, handelt es sich nicht direkt um eine einzelne Bank – vielmehr um eine Mehrzahl von Banken, die dennoch eine Gemeinsamkeit haben. Sie alle bilden das Netz der Zentralbanken. Weswegen haben diese Banken aber solch eine enorme Bedeutung auf die Gesamtwirtschaft, was sind ihre Aufgaben und wer sind ihre Vorsitzenden?

Eine Zentralbank ist die oberste Finanzinstitution eines Landes oder einer Währungsunion, die für die gesamte Geld- und Währungspolitik zuständig ist. Somit besteht ihr Ziel darin, sowohl die Stabilität des Finanz-, als auch die des Währungssystems zu sichern. Die wohl bedeutendste Aufgabe ist die Geldpolitik also die Steuerung der Geldmenge, die aktuell in Umlauf ist und die Bestimmung der Zinssätze. Durch eine Senkung des Leitzinses werden Kredite günstiger, was Unternehmen und Privatpersonen dazu anregen soll mehr Kredite aufzunehmen. Die Kauflust steigt und die Wirtschaft wird angekurbelt. Dies wird im Regelfall bei einer niedrigen Inflation oder im schlimmsten Fall bei einer Deflation gemacht, also dann, wenn die Inflationsrate unter 0% fällt. Bei einer Erhöhung des Leitzinses hingegen wird es für Banken und Privatpersonen teurer einen Kredit aufzunehmen – folglich werden weniger Kredite abgeschlossen. Die Nachfrage nach Konsum nimmt ab und senkt den Preisdruck, bremst allerdings auch das Wirtschaftswachstum. Dies dient logischerweise zur Bekämpfung einer zu hohen Inflation. Aber was genau ist mit Inflation und Deflation gemeint?

Inflation und Deflation sind zwei essenzielle Begriffe in der Wirtschaft, die sich auf die Veränderungen des aktuell herrschenden Preisniveaus beziehen und die damit in Verbindung stehende Kaufkraft des Geldes. Von einer Inflation spricht man immer dann, wenn es einen anhaltenden Anstieg des allgemeinen Preisniveaus über einen bestimmten Zeitraum gibt. Da durch diesen Prozess die Kaufkraft des Geldes abnimmt, kann man mit derselben Menge Geld weniger kaufen als dies zuvor der Fall war. Beträgt die Inflation also 3% und das neuste iPhone kostet zum jetzigen Zeitpunkt 1000 Euro, so kostet es nach Inflation 1030 Euro. Jegliche Arten von Ersparnissen - seien es Geldeinlagen bei der Bank oder Barbestände im Tresor - verlieren ebenso an Wert, denn zum einen sinkt wie bereits gesagt die Kaufkraft der Währung, was die Barbestände an Wert mindern lässt und zum anderen werden Geldeinlagen unprofitabel, sobald die Zinserträge niedriger als die Inflationsrate sind.
Eine Deflation tritt ab dem Zeitpunkt auf, ab dem die Inflationsrate unter 0% sprich ins Negative rutscht. Im Gegensatz zur Inflation können in diesem Fall mit derselben Menge Geld mehr Waren als zuvor käuflich erworben werden.

Inflation	Deflation
anhaltender Anstieg des allgemeinen Preisniveaus	anhaltender Rückgang des allgemeinen Preisniveaus
Kaufkraft des Geldes nimmt ab	Kaufkraft des Geldes nimmt zu
Geldeinlagen werden un-profitabel	Geldeinlagen können pro-fitabel werden

Übungsfragen

1. Welche Aufgaben haben Banken in der Wirtschaft?

2. Was passiert mit Ihrem Geld, wenn die Inflation steigt?

....

Beispielhafte Lösungen

1. - kontrollieren Zahlungssystem
   - Geldschöpfung
   - Kreditvergabe
   - Vermögensverwaltung
   - Riskmanagement
   - Finanzintermediation (Vermittler zwischen Angebot und Nachfrage)

2. Bei einer steigenden Inflation nimmt die Kaufkraft des Geldes ab, dies hat zur Folge, dass man mit derselben Menge Geld weniger kaufen kann. Ersparnisse, sprich beispielsweise Bargeldbestände verlieren ebenfalls an Wert. Die einzigen Akteure, die wirklich profitieren, sind Schuldner, da die Schulden real gesehen geringer werden.

Kapitel 6

Internationale Wirtschaft und Globalisierung

Die Vernetzungen und Strukturen, die wie eine Art Schleier über unserem Globus hängen, werden zunehmend dichter und gewinnen an Bedeutung. Die Globalisierung ist in vollem Gange und wird auch noch in den nächsten Jahren von enormer Präsenz sein. Aber was genau besagt der Begriff *Globalisierung* und wie schafft er es, solch einen Einfluss auf die Wirtschaft zu haben?

Das Wort Globalisierung beschreibt den zunehmenden Austausch von Waren und die Vernetzung von Dienstleistungen. Sie ermöglicht unter anderem einen verstärkten internationalen Handel, der zur Folge hat, dass Unternehmen ganz neue Möglichkeiten geboten werden und sie Zugang zu neuen Märkten erhalten. Des Weiteren werden Unternehmen multinational, sprich sie haben Produktionsstätten in verschiedenen Ländern rund um den Globus. Dies hat beispielsweise den Vorteil, wenn in einem speziellen Land oder einer Region die Nachfrage nach einem Produkt besonders hoch ist, die gesamten Lieferkosten, die beim Export anfallen, zu umgehen. Anstatt dass das Unternehmen XYZ sein beliebtes Automodell um den halben Erdball exportieren muss, errichtet es lieber in dieser Region eine Produktionsstätte, was langfristig nicht nur die Exportkosten sinken lässt und so mehr Profit ermöglicht, sondern dem Unternehmen auch mehr Sicherheiten und Möglichkeiten gibt. Von großer Bedeutung sind außerdem auch modernste Kommunikationstechnologien und vor allem das Internet. Hierdurch werden die neuesten Informationen weltweit in Echtzeit zugänglich, was die Vernetzung zwischen Unternehmen weiter fördert. Zu guter Letzt muss man anmerken, dass die Globalisierung zu einem Umschwung auf den internationalen Arbeitsmärkten führt, denn Unternehmen verlagern gezielt Arbeitsplätze auf neue Produktionsstätten in

Länder mit niedrigeren Lohnkosten, um so die Kosten zu senken und ihren Gewinn zu maximieren. Somit lässt sich sagen, dass der Prozess der Globalisierung Länder, gar ganze Kontinente wirtschaftlich verbindet, indem er den Handel, den Austausch von Informationen und die Arbeitsmärkte über Grenzen hinweg erleichtert.

6.1 Internationaler Handel

Den Handel und Austausch von Waren und Dienstleistungen in Deutschland bezeichnet man als sogenannten *nationalen Handel*, da weder Import noch Export besteht und der Warenkreislauf innerhalb Deutschlands bleibt. Sobald der Austausch von Waren und Dienstleistungen aber zwischen verschiedenen Ländern stattfindet, sprich Import und Export zustande kommen, redet man von *internationalem Handel*. Dies hat den Vorteil, dass Länder bestimmte Produkte, auf die sie in ihrem Land keinen Zugriff haben, importieren können, im Umkehrschluss somit aber auch Produkte, die es vielleicht nur in ihrem Land gibt, exportieren können. Durch internationalen Handel wird die Weltwirtschaft verflochten und die Abhängigkeit zwischen Ländern steigt. Zudem werden die Wettbewerbsbedingungen gesteigert und die Verfügbarkeit von Produkten nimmt weltweit zu, was zu einer erhöhten Auswahl und oft günstigeren Preisen führt. Durch die Spezialisierung auf Produkte, in der ein Land besonders effizient ist, wird der gesamte Produktionsprozess optimiert und Länder nutzen ihre zur Verfügung stehenden Ressourcen besser. Internationaler Handel ermöglicht Wirtschaftswachstum, da Länder durch Exporte ihre Einnahmen und Produktionskapazitäten steigern was ebenso neue Arbeitsplätze schafft. Durch den Import von günstigeren Rohstoffen können Unternehmen ihre Kosten senken, was zu dem Ziel der Gewinnmaximierung beisteuert.

Doch wie so immer gibt es nicht nur Vorteile, sondern auch Nachteile im Zuge des zunehmend voranschreitenden internationalen Handels. Länder und Nationen können von Importen abhängig werden, vor allem in kritischen Bereichen, auf die nicht verzichtet werden kann. Eine globale Krise könnte hierbei zu Engpässen führen, was zu drastischen Problemen in der Infrastruktur führen kann. Ein gutes Beispiel ist derzeit die Situation mit Russland und der Konflikt in Bezug auf die eingeschränkten Gaslieferungen. Auf lokale und mittelständische Unternehmen wird auch nicht wirklich Rücksicht genommen, denn sobald sich die importierte Ware als billiger herausstellt, werden die zuvor genannten Unternehmen enorm unter Druck gesetzt, was zu Arbeitsplatzverlusten und im schlimmsten Fall zum Untergang eines dieser Unternehmen führt. In der heutigen Zeit, in der besonders auf Umweltfreundlichkeit und Nachhaltigkeit geachtet wird, ist internationaler Handel für viele Menschen eher etwas, auf das man verzichten sollte, da dieser zu verstärkten CO_2-Emissionen und Umweltbelastung beiträgt. Außerdem belastet diese Art von Handel unterentwickelte Länder im Zuge von Ausbeutung der dort vorkommenden Ressourcen.

Ist internationaler Handel aber nun etwas Gutes oder doch eher Schlechtes? Zusammenfassend lässt sich sagen, dass die Vorteile die Nachteile klar überwiegen. Obwohl internationaler Handel Risiken wie Umweltprobleme und die Gefährdung von Arbeitsplätzen mit sich bringt, profitieren etliche Länder im Sinne von Effizienzgewinnung und dem erweiterten Zugang zu Ressourcen.

6.2 Freihandel vs. Protektionismus

Nicht alle Länder unterstützen den globalen Handel und wollen stattdessen lieber die nationale Wirtschaft durch die

Fokussierung auf ihre eigenen wirtschaftlichen Prioritäten stärken. Findet der Austausch von Waren und Dienstleistungen zwischen den einzelnen Ländern ohne Handelsbeschränkungen oder Zölle statt, so wird die Handelspolitik als Freihandel bezeichnet. Diese soll den offenen Markt fördern und die Effizienz maximieren, indem Länder das produzieren, was andere nicht oder nur bedeutend schlechter können. Durch den breiteren Handel wird der Wettbewerb ausgebaut, was sowohl zu niedrigeren Preisen als auch besseren Produkten führt. Die Vergrößerung der Märkte ins Ausland stärkt das Wirtschaftswachstum und hat positiven Einfluss auf die stetig voranschreitende Globalisierung. Das Problem, das die meisten Länder aber in eine Art Zwickmühle führt, ob Freihandel wirklich das Richtige für ihre Handelspolitik ist, ist der Fakt, dass Freihandel meistens zur Folge hat, dass lokale Industrien und Unternehmen verdrängt werden, da sie nur sehr erschwert mit der ausländischen Konkurrenz mithalten können. Dazu kommt die Abhängigkeit von anderen Ländern, was beispielsweise in Krisenzeiten fatal enden kann. Im Jahr 2024 beträgt die kumulierte Anzahl der regionalen Handelsabkommen rund um den Globus 370. Im Jahr der Jahrtausendwende waren es zum Beispiel weniger als ein Viertel nämlich lediglich 83. Dies spiegelt das enorme Ausmaß der Globalisierung wider.[7]

Im Gegensatz zum Freihandel steht der sogenannte Protektionismus, welcher das Ziel hat, die Produktion von Waren im Inland vor einem zu großen Vorkommen von Waren aus dem Ausland zu schützen. Durch diverse Handelshemmnisse wie der Auferlegung hoher Zölle oder anderer Barrieren, erschwert das Land ausländischen Unternehmen ihre Produkte zu importieren. Dies soll die einheimische Wirtschaft schützen, das lokale Wirtschaftswachstum fördern und die Abhängigkeit von Waren durch Importe senken, was die nationale Unabhängigkeit weiter aufblühen lässt. Durch dieses Verhalten werden außerdem Unternehmen, die sich noch in der Startphase befinden, unterstützt. All diese Maßnahmen haben zur Folge, dass sie Arbeitsplätze im eigenen Land sichern, was vor allem in der heutigen Zeit sehr erstrebenswert ist. Doch wie so oft bringt auch der Protektionismus Probleme mit sich. Da weniger Wettbewerb herrscht und Produkte, die zwar einheimisch, dennoch sehr teuer sind, werden die Preise für Konsumenten in die Höhe getrieben. Sollten andere Länder den Protektionismus falsch interpretieren und mit Handelsbarrieren reagieren kann ein Handelskrieg entstehen, welcher verheerende Folgen haben kann. Zusätzlich wird die Vielfalt der Produkte eingeschränkt und die Kraft für Innovationen lässt zu wünschen übrig.

Ein Land muss somit entscheiden, wie und vor allem wo es seine wirtschaftlichen Prioritäten setzt, sei es Freihandel oder Protektionismus. Es muss sich aber darüber bewusst werden, ob es den globalen Handel fördern oder doch den Schutz der eigenen Wirtschaft vorantreiben will.

6.3 Währungssysteme

Weltweit sind über 160 offizielle Währungen im Umlauf, wobei jede einen unterschiedlichen Wert hat. Hier kommt der Begriff *Wechselkurs* ins Spiel. Die Wechselkurse geben das Verhältnis an, in dem eine Währung gegen eine andere getauscht wird. Einer der wohl wichtigsten Wechselkurse ist der zwischen dem Euro und dem US-Dollar. Er gibt an, wie viel Euro man für einen Dollar bekommt und umgekehrt. Im Jahr 2024 lag dieser Kurs durchschnittlich bei ungefähr 1,08 Dollar, sprich für einen Euro hat man 1,08 Dollar erhalten. Der Fakt, dass man für einen Euro mehr als einen Dollar bekommen hat, zeigt, dass der Euro gegenüber dem Dollar stärker war. Deswegen hat man im Durchschnitt für einen Dollar auch lediglich 0,92 Euro erhalten.

Nun stellt sich die Frage, warum Wechselkurse im internationalen Handel von so großer Bedeutung sind. Das Naheliegendste ist die Beeinflussung der Preisgestaltung und der Wettbewerbsfähigkeit. Wechselkurse, also die Zahl, die angibt wie wertvoll eine Währung im Vergleich zu anderen ist, beeinflussen die Preise von Importen und Exporten. Ist die Währung eines Landes zurzeit sehr stark, so steigen auch die Kosten seiner Exporte. Die importierte Ware wird jedoch günstiger, wenn beispielsweise das Produkt aus den USA stammt und dort der US-Dollar im Umlauf ist. Gibt der Wechselkurs nun an, dass der US-Dollar im Verhältnis zu der Währung im Importland schwächer ist, so wirkt sich dies kostenmindernd auf den gesamten Prozess aus. Die Wechselkurse einer Währung können oftmals ganze Länder beeinflussen, da sie entweder wirtschaftliche Stabilität gewährleisten oder diese gefährden. Ist der Wechselkurs einer Währung sehr volatil - das bedeutet, er schwankt sehr stark -, so hat dies Einfluss auf die Kosten für beispielsweise Schulden oder Rohstoffe, was sich negativ auf die Wirtschaft eines Landes auswirken kann. Ist der Wechselkurs hingegen stabil so herrschen meist verlässlichere Handelsbeziehungen und Unternehmen haben mit weniger Sorgen und Unsicherheiten zu kämpfen. Ebenso spielen die Wechselkurse eine wichtige Rolle bei den Investitionsentscheidungen vieler Unternehmen. In Zeiten der Globalisierung, in der sich alles zunehmend vernetzt, denkt ein Großteil der Unternehmen über mögliche Investitionen im Ausland nach. Entscheidet sich ein derartiges Unternehmen also nun für Investitionen in einem Land mit einer schwachen Währung, so ist das zur Verfügung stehende Kapital dort mehr wert, weil kostengünstigere Ressourcen und Arbeitskräfte erworben beziehungsweise angestellt werden können.

Währungssysteme spielen also eine zentrale Rolle im internationalen Handel, da mithilfe ihrer gezielt Kosten gespart und gewisse Risiken abgesichert werden können. Wechselkurse sind ebenso wichtig, da sie maßgeblich bestimmen, wie wertvoll eine Währung ist und ohne sie kein direkter Vergleich zwischen ihnen möglich wäre.

Übungsfragen

1. Welche Auswirkungen hat die Globalisierung auf die Preise von Waren und Dienstleistungen?

2. Was sind mögliche Vor- und Nachteile von Freihandel?

....

Beispielhafte Lösungen

1. Die Globalisierung setzt auf den zunehmenden Import und Export von Waren und Dienstleistungen, was die Preise senkt. Durch den Fokus auf Spezialisierung und Effizienzsteigerung werden außerdem die Produktionskosten gesenkt. Die Preise können durch Probleme in der Lieferkette, wie einen Handelskrieg kurzfristig in die Höhe schießen.

2. **Vorteile:** offener Markt wird gefördert und Effizienz maximiert, Wettbewerb wird ausgebaut und Preise sinken aufgrund günstiger Importe
Nachteile: lokale Industrien und Unternehmen werden verdrängt, Abhängigkeit von anderen Ländern

Kapitel 7

Wirtschaftskrisen verstehen: Ursachen und Lösungen

Der 24. Oktober 1929. Der Tag, an dem der wahrscheinlich folgenreichste Crash, der jemals an der Börse stattgefunden hat, passiert ist. Ausgelöst in Amerika, genauer an der New York Stock Exchange, der größten Börse der Welt, traf der Schaden bereits am Folgetag, dem Schwarzen Freitag, in Europa ein und stellte die gesamte Weltwirtschaft in den Folgejahren auf den Kopf. Arbeitslosigkeit, Armut und Hungersnöte folgten.

1929, ein Paradebeispiel, das als kurzer Exkurs in das Thema *Wirtschaftskrisen* dienen soll.

Als Wirtschaftskrisen bezeichnet man Phasen, in welchen es zu schwerwiegenden Problemen in der Wirtschaft kommt, die im Regelfall durch exorbitante Rückgänge in Produktion und Konsum gekennzeichnet sind. Es werden Finanzinstitute, Unternehmen und Haushalte beeinträchtigt, also die Akteure, die unsere Wirtschaft erst zum Funktionieren bringen. Die häufigsten Formen, in welchen von wirtschaftlicher Konjunktur zu sprechen ist, lauten Stagnation, Rezession und Depression. Konjunktur beschreibt die Schwankungen der Wirtschaft und gibt somit die aktuelle Wirtschaftslage wieder. Zudem lassen sich an den Konjunkturschwankungen die Veränderungen des BIPs, also des Bruttoinlandproduktes, erfassen. Dieses gibt an, wieviel eine Volkswirtschaft über einen bestimmten Zeitraum wirtschaftlich geleistet hat.

Von einer Stagnation spricht man dann, wenn das Wirtschaftswachstum über mehrere Quartale (Quartal=3 Monate) gleich Null ist, beziehungsweise nur knapp darüber. Das BIP steigt somit auch kaum und die Arbeitslosigkeit ist höher als sonst.

Eine Stufe schlimmer ist die sogenannte Rezession, bei der eine moderate Abnahme des Wirtschaftswachstums über mindestens zwei aufeinanderfolgende Quartale herrscht. Das BIP sinkt nun, die Arbeitslosigkeit steigt weiter an, und die Ausgaben für Konsum sind rückläufig. Im Zuge der Finanzkrise im Jahr 2008 hatten etliche Länder mit den Folgen einer Rezession zu kämpfen, welche erst nach einigen Jahren wieder vollständig überwunden werden konnten.

Die schlimmste Stufe ist die der Depression, bei der es tiefgreifende und langanhaltende Einbrüche in allen Bereichen der Wirtschaft gibt. Das BIP ist deutlich im Minus und die Arbeitslosigkeit erreicht neue Hochs. Hinzu kommen Zusammenbrüche von ganzen Banken und der Konsum ist stark rückläufig. Von einer Wirtschaftskrise dieser Art war 1929 die Rede.

Abgesehen von den drei Formen der wirtschaftlichen Konjunktur gibt es zum Beispiel auch noch Bankenkrisen, die dann entstehen, sobald Banken in Zahlungsschwierigkeiten geraten, was die Kreditvergabe enorm einschränkt und so das Vertrauen der Finanzmärkte sichtlich in Mitleidenschaft zieht. Darauf folgt der Zusammenbruch der Bank, wobei hier die bekanntesten Beispiele aus dem Jahr 2008 stammen. Die Rede ist von *Lehman Brothers* und *Bear Stearns*. Das aktuellste Beispiel ist der Zusammenbruch der ehemaligen Schweizer Großbank *Credit Suisse*, die von ihrem großen Bruder der *UBS* geschluckt wurde.

7.1 Ursachen von Krisen

Krisen gibt es in allen möglichen Ausprägungen, wobei sie alle mindestens eine Gemeinsamkeit miteinander teilen: Sie entstehen aufgrund bestimmter interner oder externer Faktoren, die das Wirtschaftssystem aus dem Gleichgewicht bringen. Einer dieser internen Gründe ist die *Spekulationsblase*, welche dann zustande kommt, wenn Vermögenswerte wie Immobilien oder Aktien durch übermäßige Spekulation überbewertet werden. Platzt solch eine Blase, so fallen die Preise oftmals ins Bodenlose, was Unternehmen als auch Privatanlegern finanzielle Schwierigkeiten bereitet. *Hohe Schulden* bei Unternehmen oder sogar ganzen Staaten können bei einer Krise noch zusätzlich Öl ins Feuer gießen und die Stimmung weiter anspannen. Was in der Vergangenheit auch schon vorkam, ist der sogenannte *Bank-Run*, bei welchem das Vertrauen in das Banksystem und die Regierung schlichtweg fehlt, beziehungsweise zerstört wurde und deswegen jeder seine Einlagen schnellstmöglich zurück haben will. Dies geschieht aber nicht über mehrere Monate oder Jahre, sondern über einen extrem kurzen Zeitraum. Die Rede ist hier von einigen Tagen, im schlimmsten Fall sogar nur einigen Stunden, aufgrund des heutigen Digitalisierungsgrades. Die Folge: eine Banken- und Finanzkrise. Da jeder sein Geld zurück will, die Bank aber nur einen Bruchteil der Einlagen zur Verfügung hat, kann sie weder Kundeneinlagen zurückzahlen noch neue Kredite gewähren. Das Volk wird zunehmend unruhig und der Konsum schlagartig gebremst – die Krise verschlimmert sich. Doch nicht immer sind nur wir Menschen am Versagen des Wirtschaftssystems Schuld. *Externe Schocks* wie Naturkatastrophen und Pandemien können die Wirtschaft ebenso plötzlich über Nacht auf den Kopf stellen und unvorhersehbar einschränken.

Nach genauerer Veranschaulichung diverser Ursachen für Krisen, folgt nun eine Auflistung von Beispielen aus der Vergangenheit, die Millionen von Menschen dazu brachten, das Wirtschaftssystem komplett in Frage zu stellen.

Finanzkrise 2008: In diesem Jahr kam es zu einem Immobiliencrash in den USA, der schlimmere Auswirkungen hatte als zuerst angenommen wurde. Risikoreiche Hypothekenkredite, sprich Kredite, die an Bürger mit einer niedrigen Bonität (Kreditwürdigkeit) vergeben wurden, konnten irgendwann nicht mehr abbezahlt werden. Zudem wurden diese miserablen Hypothekenkredite als Finanzprodukte gebündelt und in großen Mengen in Umlauf gebracht. Ein Beispiel solch eines Finanzproduktes lautet Mortgage-Backed Securities. Durch die Überhitzung und den darauffolgenden Zusammenbruch des Immobilienmarktes, kam es zu einer globalen Rezession und Banken wie Lehman Brothers und Bear Stearns haben ihre Tore für immer geschlossen. Staaten mussten weltweit Rettungspakete in Milliardenhöhe ausstellen und die Zahl der Arbeitslosen stieg schlagartig an. Zwar gibt es seitdem Maßnahmen zur Regulierung des Bankensystems, ob diese aber tatsächlich etwas geändert haben, steht in den Sternen.

Dotcom-Blase 2000: Das Jahr der Jahrtausendwende ging als Wendepunkt in die Geschichte ein. Das in diesem Jahr stattgefundene Platzen der einst so hochangepriesenen Dotcom-Blase ebenfalls. Vor der Wende gab es einen regelrechten Boom, was Technologie Start-Ups anging. Investoren hatten hohe Erwartungen an diese, doch nur die wenigsten verfügten über ein wirkliches Geschäftsmodell. Dadurch entstand eine Spekulationsblase bei Tech Start-Ups, die aber erst viel zu spät als tatsächliche Blase erkannt wurde. Während 1999 noch ganze dreizehn Titel im NASDAQ (Index, der die 100 größten Titel des Nasdaq Composite beinhaltet, welche hauptsächlich Tech Werte sind) eine sagenhafte Jahresperformance von über 1000% erzielten, so brach der NASDAQ Index in den drei Folgejahren um knapp 80% ein. Damit verbunden waren milliardenschwere Verluste bei Investoren und Anlegern und die Insolvenz etlicher Technologieunternehmen. Logischerweise verlangsamte sich daraus resultierend auch das Wirtschaftswachstum und der NASDAQ erreichte den Stand von vor dem Zusammenbruch erst wieder Anfang 2015.

Asienkrise 1997: Drei Jahre vor der Jahrtausendwende führten übermäßige Verschuldung und spekulative Investitionen im asiatischen Raum zu einem Einbruch der Währung in Thailand, der sich auf die restlichen Märkte Asiens ausbreitete. Zur Folge hatte dies eine Abwertung der Währungen, den Verlust von Arbeitsplätzen und zahlreiche Firmenpleiten, was sich alles negativ auf das BIP der betroffenen Länder auswirkte.

Ölkrise 1973: In diesem Jahr gab es die erste Ölkrise der Geschichte. Die OPEC-Staaten, also die Vereinigung von Ländern, die Erdöl exportieren, drohten dem Westen damit, weniger Rohöl zu liefern. Aber warum? Am 6. Oktober 1973 starteten ägyptische und syrische Truppen einen Angriff auf Israel. Da die USA das israelische Militär belieferten, um einen Vorteil bei den Nachkriegsverhandlungen zu erlangen, drohten ihnen die OPEC-Staaten, weniger Rohöl zu liefern. Die Ölpreise stiegen drastisch an, in Deutschland beispielsweise um das Vierfache. Eine Vielzahl von wirtschaftlichen Rückschlägen und jahrelange Aufarbeitung in vor allem Industrienationen folgten.

Die Ursachen von Wirtschaftskrisen können also sehr vielschichtig sein und hängen von internen oder auch externen Faktoren ab. Dennoch werden Krisen immer vom Menschen selbst verursacht oder tatsächlich von Dingen, die wir nicht in der Hand haben wie zum Beispiel der Natur. Der folgende Zeitstrahl fasst nochmals die bedeutendsten (Wirtschafts-)Krisen der letzten 100 Jahre bildlich zusammen.

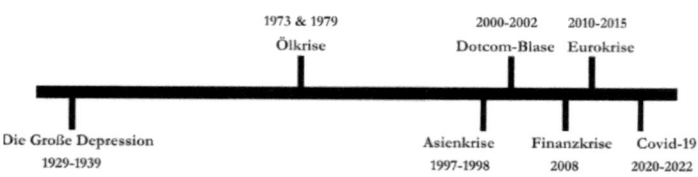

7.2 Krisenmanagement

Um Krisen nicht völlig freien Lauf zu lassen, entwickeln Staaten und Institutionen verschiedenste Konzepte, um darauf bestmöglich zu reagieren und die Wirtschaft weitestgehend zu stabilisieren. Diese Maßnahmen werden als *Krisenmanagement* bezeichnet. Doch was genau ist das und in welchen Formen gibt es Krisenmanagement?

Eine sehr häufig vorkommende Form des Krisenmanagements sind die im Volk sehr umstrittenen Rettungspakete, welche Finanzhilfen sind. Angeschlagene Unternehmen, gerne auch Banken nehmen diese entgegen, um Schlimmeres wie Insolvenzen zu verhindern und Vertrauen von Seiten der Märkte aus wiederherzustellen. Besonders 2008 erweckten etliche Länder den Anschein, als würden sie geradezu mit Rettungspaketen um sich werfen. Die USA pumpten 700 Milliarden US-Dollar in ihre Banken, um deren Liquidität zu stärken, die britische Regierung steuerte ihren Banken 500 Milliarden Pfund bei und sogar Deutschland zahlte ganze 400 Milliarden Euro an seine Banken. Im Kontext von 2008 steht noch eine weitere Form des Krisenmanagements. Die Rede ist von Regulierungsmaßnahmen, die die Finanzmärkte gezielt lenken und so weit einschränken sollen, um weiteren derartigen Krisen vorzubeugen. Eine Maßnahme sind strengere Kapitalanforderungen für Banken. Das bedeutet, dass Banken mehr Eigenkapital vorhalten müssen, um besser gegen wirtschaftliche Risiken abgesichert zu sein. Ein anderer Punkt sind Konjunkturprogramme, die die Nachfrage ankurbeln und Arbeitsplätze schaffen sollen. Konjungturprogramme sind staatliche Investitionen und Steueranreize, die den Konsum steigen lassen und so die Wirtschaft aus der Krise holen sollen.

Mithilfe der eben genannten Maßnahmen sollen Krisen bestmöglich bewältigt und die Wirtschaft stabilisiert werden. Das

Vertrauen der Bevölkerung sowie der Märkte spielen zudem eine entscheidende Rolle, die nicht unterschätzt werden sollte.

Übungsfragen

1. Was waren die Hauptursachen der Finanzkrise 2008?

2. Wie kann ein Staat versuchen, eine Wirtschaftskrise zu lindern?

....

Beispielhafte Lösungen

1. - risikoreiche Hypothekenkredite an Bürger mit mangelhafter Bonität vergeben
   - Hypothekenkredite als Finanzprodukte gebündelt und in großen Mengen in Umlauf gebracht
   - zu lockere Auflagen

2. durch effektives Krisenmanagement:
   - Rettungspakete in Form von Subventionen
   - Konjungturprogramme wie staatliche Investitionen und Steueranreize
   - Regulierungsmaßnahmen, um zukünftigen Krisen vorzubeugen

Kapitel 8

Einkommensverteilung, Arbeitslosigkeit und Wachstum: Die großen Themen der Makroökonomie

In den vergangenen Kapiteln wurden bereits einige Themen der Makroökonomie angesprochen. Dieses Kapitel behandelt zentrale makroökonomische Zusammenhänge sowie deren Einfluss auf die Gesamtwirtschaft.

Menschen klagen oft über die Ungleichheit beim Thema *Einkommensverteilung* und, dass die Politik das völlig falsch handhabe. Für den Einen ist dies berechtigt, für den Anderen wiederum nicht, unabhängig davon gibt es dennoch einige Ursachen aus wirtschaftlicher Sicht, die die ungleiche Einkommensverteilung nachvollziehbar machen.

Angefangen bei regionalen Unterschieden, die über die wirtschaftliche Entwicklung und Ressourcenverfügbarkeit entscheiden und zu Einkommensunterschieden führen - abhängig davon, ob man in einem urbanen oder ländlichen Gebiet seiner Arbeit nachgeht. Ebenso von Bedeutung ist das Qualifikationsniveau, also das Niveau der Bildung, welches angibt, ob jemand schon berufliche Vorerfahrung oder gewisse Studiengänge vorzuweisen hat, was oftmals ein höheres Einkommen ermöglicht. Die Menschheit befindet sich in Zeiten der Globalisierung, welche technologischen Fortschritt mit sich bringt. Zwar öffnet dies zahlreiche neue Türen und begünstigt viele Sektoren, benachteiligt aber auch andere immens. Dadurch kommt die Marktdynamik ins Straucheln und die Verteilung der Einkommen ebenso. Soziale und politische Faktoren kommen obendrauf, was in Form von ungerechten Steuersystemen und geringer sozialer Mobilität auftritt. Vor allem Personen, die aus einkommensschwachen oder benachteiligten Familien stammen, haben es statistisch gesehen besonders schwer, ihre soziale und wirtschaftliche Position zu verbessern.

Je unterschiedlicher die Dinge sind, desto schwieriger wird es, sie miteinander zu vergleichen. Daraus resultierend unterscheidet man in folgende Formen der ungleichen Einkommensverteilung:

Vertikale Ungleichheit: Unterschieden wird zwischen verschiedenen Einkommensgruppen. Es wird das eine Ende mit dem anderen Ende verglichen, die Ungleichheit zwischen „oben und unten" beschrieben.

Horizontale Ungleichheit: Unterschieden wird innerhalb einer Einkommensgruppe. Geachtet wird also zum Beispiel auf Geschlecht, Alter, Ethnie und so weiter.

Intergenerationale Ungleichheit: Unterschieden wird zwischen verschiedenen Generationen. Zum Beispiel die Frage: Wie viel verdient ein Angestellter aus der Generation Z im Vergleich zu einem vergleichbaren Kollegen aus der Baby-Boomer Generation.

Welche Auswirkungen hat solch eine Ungleichheit der Einkommensverteilung aber nun auf Konsum, Investitionen und soziale Stabilität? Zum einen kann eine geringere Gesamtnachfrage zustande kommen, da einkommensschwächere Haushalte verhältnismäßig viel mehr konsumieren müssen. Zum anderen kann Instabilität, verursacht durch Ungleichheit, das Investitionsklima erheblich beeinträchtigen und den Zugang zu Kapital für Unternehmen verringern, da sich ein Großteil des Kapitals in wenigen Händen befindet. Die soziale Stabilität leidet offensichtlich. Die Ungleichheit zwischen arm und reich kann soziale Spannungen und Unruhen auslösen, welche politische Instabilität zunehmend fördern.

Um ungleiche Einkommensverteilung also tatsächlich in den Griff zu bekommen, müssen klare politische Maßnahmen wie soziale Sicherheit und Bildungsförderung für alle Menschen durchgesetzt werden.

Eine zu hohe *Arbeitslosigkeit* kann der Wirtschaft eines Landes enormen Schaden zufügen. Differenziert wird zwischen zwei Arten der Arbeitslosigkeit, die sich in strukturelle und konjunkturelle Arbeitslosigkeit unterteilen. Dabei entsteht erstere durch langfristige Veränderungen, hervorgerufen durch zum Beispiel die Globalisierung, wodurch bestimmte Berufe nicht mehr von Nöten sind – das Resultat: Menschen verlieren ihren Job. Das Wirtschaftswachstum wird gebremst, da sich die meisten Menschen nicht mehr beziehungsweise nur noch schleppend weiterbilden können. Konjunkturelle Arbeitslosigkeit hingegen tritt besonders in Zeiten wirtschaftlichen Abschwungs sprich in Rezessionen auf, wenn die Nachfrage nach Konsum abnimmt und Unternehmen mit dem Abbau von Arbeitsstellen darauf reagieren. Diese Art von Arbeitslosigkeit ist meist eher vorübergehend und hält nicht über einen längeren Zeitraum an, jedoch kann das Wirtschaftswachstum genauso gebremst werden.

Ganz egal, ob strukturelle oder konjunkturelle Arbeitslosigkeit, die wirtschaftlichen Auswirkungen, die damit einhergehen, sind immer drastisch. Schwindender Konsum und eine geringere Nachfrage sind bereits bekannt. Immer gewaltigere Summen für Arbeitslosenunterstützung und sinkende Steuereinnahmen reißen ein zunehmend größeres Loch in den Staatsaushalt. Langanhaltende strukturelle Arbeitslosigkeit schwächt außerdem die Innovationskraft, was sich ebenfalls negativ auf das Wachstum der Wirtschaft auswirkt.

Um gegen eine hohe Arbeitslosenquote also nun vorzugehen, hat der Staat einige Möglichkeiten entwickelt, wie zum Beispiel die

Förderung von Bildungs- und Weiterbildungsprogrammen, die durch gezielte Qualifizierung oder Umschulung die Beschäftigten auf die ständig wechselnden Anforderungen des Arbeitsmarktes vorbereiten sollen. Maßnahmen wie die Unterstützung von Zeitarbeitsmodellen machen die Arbeitsplätze flexibler und handlungsfähiger was Veränderungen in der Wirtschaft und auf dem Arbeitsmarkt angeht. Ein weiterer Punkt wäre durch Steueranreize oder im schlimmsten Fall durch Subventionen, also Gelder, die der Staat Unternehmen gibt, die sie nicht zurückzahlen müssen, um Investitionen zu fördern und so neue Sektoren zu schaffen, wodurch neue Arbeitsplätze geschaffen würden.

Arbeitslosigkeit - egal ob strukturell oder konjunkturell - bringt somit immer fatale Auswirkungen mit sich, die weder der Wirtschaft noch dem Volk selbst wirklich helfen.

Unterschieden wird neben den genannten Kriterien auch zwischen Akademikern und Nicht-Akademikern, sprich, ob jemand einen Universitäts- beziehungsweise Hochschulabschluss hat oder keines von beiden. Was in diesem Vergleich sehr auffällt, ist der Fakt, dass die Arbeitslosenquote bei Nicht-Akademikern in den meisten Fällen um mehr als das Doppelte höher ist als bei Arbeitslosen mit einem Universitäts-/Hochschulabschluss. Während in den letzten Jahren die Arbeitslosenquote bis auf ein paar wenige Abweichungen immer zwischen 5 und 6 Prozent lag, so war sie bei den Akademikern im niedrigen bis mittleren 2 Prozent Bereich. Dies ist in der folgenden Statistik dargestellt:

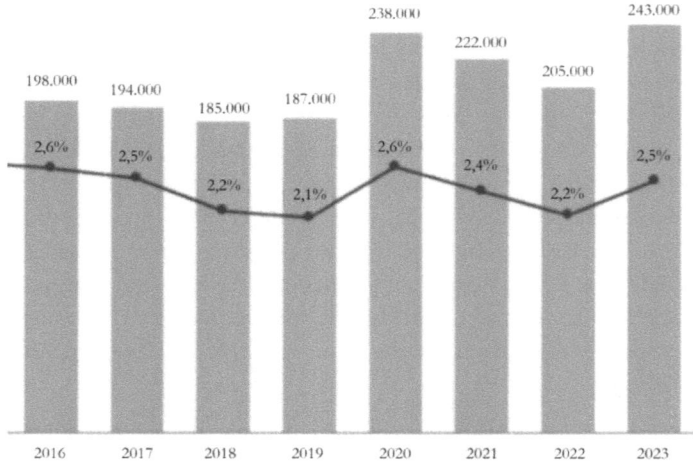

Arbeitslosigkeit ist insgesamt also ein Thema von enormer Bedeutung, egal ob Akademiker oder Nicht-Akademiker und darf deshalb keinesfalls vernachlässigt werden.

Das *Wirtschaftswachstum* gibt darüber Auskunft, wie gut beziehungsweise schlecht es der Wirtschaft eines Landes geht. Die häufigste Methode zur Messung dieser Zahl geschieht über das Bruttoinlandsprodukt (BIP), da dieses den Gesamtwert aller im Land produzierten Waren und Dienstleistungen innerhalb eines bestimmten Zeitraums angibt. Es wird als Wachstumsrate angegeben, die den prozentualen Anstieg oder Rückgang im Vergleich zum vorherigen Zeitraum zeigt. Wirtschaftswachstum ist somit eine Kennzahl von großer Bedeutung, da sie auf eine steigende Produktion und tendenziell höhere Löhne hinweist, was wiederum zu einem besseren Lebensstandard und einer niedrigeren Arbeitslosenquote führt. Ein wachsendes BIP zeigt, dass die Wirtschaft stabil ist und Grund für Innovationen und Investitionen liefert was den Ausbau der Infrastruktur angeht.

Beispiel: Die Bundesrepublik Deutschland hat zu Beginn des 4. Quartals 2024 die Prognosen zur Entwicklung des realen Bruttoinlandprodukts für 2024 überraschend gesenkt.[8] Anfänglich war noch von 0,8% Wachstum die Rede, inzwischen rechnet die Bundesregierung nun sogar mit einem Rückgang von 0,2%, was in der Theorie bedeutet, dass sich Deutschland in einer minimalen Rezession befände. Wird dieser Rückgang tatsächlich bestätigt, bedeutet das, dass Nachfrage und Konsum schwinden und Unternehmen schrittweise Stellen abbauen werden.

Während das nominale BIP den Gesamtwert aller produzierten Güter und Dienstleistungen in einer Volkswirtschaft zu den aktuellen Marktpreisen angibt, stellt das reale BIP eine Anpassung des nominalen BIP dar, bei der die Teuerung herausgerechnet wird. Es misst also das tatsächliche Wachstum beziehungsweise den Rückgang der Produktion. Wenn zum Beispiel das nominale BIP eines Landes von 200 Milliarden Euro (2023) auf 220 Milliarden Euro (2024) ansteigt, scheint dies auf den ersten Blick ein Wirtschaftswachstum von 10% zu bedeuten. Beträgt die Teuerungsrate (Inflation) jedoch 10%, ergibt sich daraus, dass das reale BIP bei 200 Milliarden Euro liegt, da 220 Milliarden Euro : 1,1 = 200 Milliarden Euro. Die Volkswirtschaft ist im Vergleich zum Vorjahr also real nicht gewachsen.

Zusammenfassend lässt sich erkennen, dass unter anderem die genannten Themen dem Begriff der Makroökonomie seine Daseinsberechtigung ermöglichen. Sie beeinflussen maßgeblich das wirtschaftliche Gleichgewicht und die soziale Stabilität eines Landes und bestimmen auf lange Sicht dessen Wohlstand.

Übungsfragen

1. Welche drei Formen der ungleichen Einkommensverteilung gibt es?

2. Welche Maßnahmen kann ein Staat ergreifen, um die Arbeitslosigkeit zu senken?

....

Beispielhafte Lösungen

1. **Vertikale Ungleichheit:** Unterschieden wird zwischen verschiedenen Einkommensgruppen
   Horizontale Ungleichheit: Unterschieden wird innerhalb einer Einkommensgruppe
   Intergenerationale Ungleichheit: Unterschieden wird zwischen verschiedenen Generationen

2. - Bildungs- und Weiterbildungsprogramme, um auf ständig wechselnde Anforderungen des Arbeitsmarktes vorbereitet zu sein
   - Flexibilisierung des Arbeitsmarktes, um Arbeitsplätze handlungsfähiger und agiler zu gestalten
   - Förderungen von Innovationen mithilfe von Steueranreizen oder Subventionen

Kapitel 9

Digitale Wirtschaft: Wie Technologie alles verändert

Die Welt ist im Wandel. Noch nie dagewesene Technologien werden entwickelt und wirken sich unmittelbar auf die Wirtschaft aus. Der Begriff *Digitalisierung* liegt nahe und hat weltweit Wirtschaftssysteme bereits tiefgreifend verändert – was auch weiterhin so sein wird. Die Digitalisierung ist in vollem Gange und bringt viel Neues mit sich, was sowohl Vorteile als auch Nachteile hat.

Vor allem Unternehmen profitieren von der Digitalisierung, da jegliche Art von Produktionsprozessen durch automatisierte Systeme sowohl zeit- als auch kostentechnisch optimiert wird. Durch diese Optimierung wird die Effizienz gesteigert und der Gewinn weiter maximiert. Da nun Innovationen wie digitale Kommunikation und Remote-Work, also Arbeit von überall, möglich ist, werden etliche Türen zu flexibleren Arbeitsformen geöffnet, wodurch sich die Mitarbeiterzufriedenheit offensichtlich verbessert. Die Themen Digitalisierung und Globalisierung sind stark miteinander vernetzt und überschneiden sich in einer Vielzahl von Themen. Der Ausbau einer digitalen Welt ermöglicht es Unternehmen Online-Shops zu betreiben, was in den meisten Fällen zur Erschließung neuer Märkte rund um den Globus führt. Zusätzlich gewinnen Unternehmen durch fortschrittliche Datenanalysen wertvolle Einblicke, die präzise Entscheidungen in Bereichen wie Produktentwicklung oder Kundenservice ermöglichen.

In den Nachrichten ist in letzter Zeit gerne die Rede davon, dass künstliche Intelligenz schon bald die Menschheit übertrumpfen wird. Auch wenn sich dies für viele möglicherweise etwas weit hergeholt anhört, sind Zweifel am Thema Digitalisierung mehr als gerechtfertigt. Digitalisierung bedeutet nicht nur Positives und hat vielleicht mehr negative Dinge an sich als bisher gedacht. Aber wie lauten die bisherigen Erkenntnisse, die gegen fortschrittliche Technologien sprechen?

Digitalisierung führt zu Automatisierung und zunehmender technologischer Entwicklung, was herkömmliche Jobs überflüssig macht. Strukturelle Arbeitslosigkeit wird gefördert, da die Anzahl verlorener (traditioneller) Arbeitsplätze weiter ansteigt. Cyberangriffe belasten eine Vielzahl von Unternehmen und bringen sie in ein regelrechtes Dilemma. Zum einen herrscht ein gewisses Angstgefühl was Angriffe dieser Art angeht, zum anderen will man aber auch nicht auf neuartige Technologien verzichten müssen. Lässt man sich darauf ein, ist dies jedoch nur für einen beschränkten Zeitraum von Vorteil, denn nun hat man mit einer gewissen Abhängigkeit zu kämpfen. Verpassen Unternehmen den Sprung und hinken den neuen digitalen Anforderungen hinterher, so entstehen Qualifikationslücken, die zu Ineffizienz und Überforderungen führen. KMUs, also kleine und mittelständische Unternehmen, haben im Regelfall einen sehr beschränkten Zugriff auf frische Gelder, die sie für neue Investitionen ausgeben können. Die Folge: Der Wettbewerbsdruck wird erhöht, da KMUs Schwierigkeiten haben sich anzupassen. Zudem dominieren *Big Tech Unternehmen,* also große Technologiekonzerne, die digitalen Märkte, was zu einer Art Marktkonzentration beiträgt und es kleinen Unternehmen noch schwieriger macht.

Die mit der Digitalisierung einhergehenden Gefahren sollten somit keinesfalls auf die leichte Schulter genommen und bestmöglich eingeschränkt werden. Nichtsdestotrotz bietet die Digitalisierung noch nie dagewesene Technologien, die die Menschheit, unter der Voraussetzung der zweckmäßigen Benutzung, tiefgreifend verändern und in so gut wie allen Lebensbereichen beeinflussen werden.

9.1 E-Commerce und digitale Plattformen

Seit geraumer Zeit heißt es, digitale Geschäftsmodelle verdrängen traditionelle und alteingesessene Unternehmen. Online-Handel und digitale Plattformen stellen eine erhebliche Herausforderung dar, was bereits einige dieser traditionellen Unternehmen dazu gezwungen hat, ihre Tore endgültig schließen zu müssen. Ein fatales Dilemma, wenn man bedenkt, dass diesen Unternehmen neben der Schließung nur der eigene Einstieg in den digitalen Markt bleibt, was maximal gegen ihre ursprüngliche Firmenphilosophie verstoßen würde.

Seit Beginn der Digitalisierung hat sich die Marktstruktur drastisch verändert, da Unternehmen, welche E-Commerce betreiben, nun auf einfachstem Wege global tätig sein und Kunden aus aller Welt über das Internet erreichen können. Wird die neue Hose oder das neue Paar Schuhe nicht mehr bei einem lokalen Händler erworben, sondern online bestellt, was sicherlich viel Zeit und Kosten spart, so bringt es das lokale Unternehmen früher oder später aufgrund fehlender Kunden um seine Existenz. Mit dem Startschuss für Online-Vergleichsportale wie Check24 oder Verivox ist der Preisdruck zusätzlich enorm angestiegen, da Kunden nun mit Leichtigkeit einen direkten Preisvergleich einsehen können. Traditionelle Anbieter sind deshalb gezwungen, ihre Margen so weit zu senken, dass sie mit den Preisen der Online-Plattformen mithalten können, um nicht als „überteuert" abgestempelt zu werden. Digitale Plattformen ermöglichen personalisierte Ansprache und maßgeschneiderte Werbung, was dabei hilft, eine stärkere Kundenbindung aufzubauen. Im direkten Vergleich haben traditionelle Anbieter, was das angeht, oft Nachholbedarf, um weiterhin wettbewerbsfähig zu bleiben. Kein Kunde wartet gerne lange auf seine Bestellung, weswegen für funktionierendes E-Commerce flexible und vor allem schnelle Lieferketten notwendig sind. Unternehmen, die großen Wert auf Tradition legen, müssen sich an diesen Standard anpassen, was leichter gesagt als getan ist. Hohe Investitionen und Prozessanpassungen sind erforderlich.

Insgesamt verlangt der digitale Wandel traditionellen und alteingesessenen Unternehmen sehr viel ab. Eine hohe Anpassungsbereitschaft, um die Chancen der Digitalisierung zu nutzen und wettbewerbsfähig zu bleiben, bringt diese Art von Unternehmen in eine Zwickmühle, da sie weder den Konkurrenten hinterherhinken wollen noch ihre Werte vollständig aufgeben möchten.

9.2 Kryptowährungen

Anfang 2009 wurde die erste Kryptowährung in Form von Bitcoin für die Öffentlichkeit zugänglich gemacht. Seitdem ging es nicht nur, was den Wert von Bitcoin angeht, steil bergauf, sondern zudem wurden eine Vielzahl von anderen Kryptowährungen entwickelt. Stand Oktober 2024 sind 9861 der genannten Währungen verfügbar, wobei sich die Anzahl stetig verändert.[9] In der folgenden Tabelle sind die Wichtigsten dargestellt:

Bitcoin (BTC)	Erste Kryptowährung, größte Marktkapitalisierung, Peer-to-Peer Zahlungen, max. 21 Millionen Stück
Ethereum (ETH)	Plattform für Smart Contracts, ermöglich komplexe Anwendungen, Grundlage vieler NFTs
Solana (SOL)	Schnelle und kostengünstige Blockchain-Plattform, gut für skalierbare Anwendungen
Ripple (XRP)	Schnelle und kostengünstige internationale Zahlung, genutzt von Banken, Kurs recht volatil

Kryptowährungen sind digitale Währungen, die durch kryptografische Verfahren gesichert sind und ohne zentrale Institutionen wie (Zentral-)Banken auskommen. Ihre Anhänger unterstützen sie, da sie schnelle und meist kostengünstige Transaktionen ermöglichen und vor allem unabhängig sind, also nicht unter staatlicher Kontrolle stehen. Auch wenn Krypto noch viele Kritiker hat, so ist es gut möglich, dass es in der Zukunft eine zentrale Rolle spielen und das Währungssystem regelrecht revolutionieren wird.

In Kapitel 6.3 wurde von Währungssystemen und den damit verbundenen verschiedenen Devisen gesprochen. Daraus ging hervor, dass sich Währungen meist von Nation zu Nation unterscheiden und nicht jede Währung in jeder Nation als Zahlungsmittel akzeptiert wird. Wenn man also beispielsweise als Tourist etwas im Urlaubsland kaufen möchte, dort die Währung aber nicht akzeptiert wird, so muss man das Geld erst einmal wechseln, was wieder mit zusätzlichen Kosten verbunden ist. Kryptowährungen hingegen könnten als alternative Zahlungsmittel dienen und global etabliert werden. Internationale Transaktionen würden um ein Vielfaches vereinfacht, und insbesondere Nationen mit instabilen Währungen könnten dadurch entlastet werden. Immer mehr Menschen versuchen, ihr Geld durch Investitionen in Wertanlagen wie Edelmetalle, Immobilien oder Aktien zu sichern und im besten Fall zu vermehren. Inzwischen werden Kryptowährungen wie Bitcoin zunehmend als „digitales Gold" betrachtet und aus diesem Grund von Anlegern gekauft, was die Kurse steigen lässt. Das aber wahrscheinlich größte Problem, welches die meisten Menschen weltweit miteinander teilen, sind die Risiken und Unsicherheiten, die mit Kryptowährungen einhergehen. Denn am Ende des Tages sind digitale Währungen trotz ihre Potenzials volatil, das heißt ihr Kurs hat eine verhältnismäßig hohe Schwankung, was die genannten Unsicherheiten und Risiken für Anleger zur Folge hat.

Obendrauf kommt der Fakt, dass Kryptowährungen aufgrund der fehlenden staatlichen Kontrolle und dem Fehlen zentraler Institutionen rechtlich oft unreguliert sind, was die zuvor genannten Risiken weiter unterstreicht.

Kryptowährungen bieten somit ein immenses Wachstumspotenzial, welches jedoch ohne Akzeptanz der Gesellschaft völlig wertlos ist. Die Zukunft der digitalen Währungen wird genauso von der weiteren technologischen Entwicklung und möglichen Regulierungen abhängen. Werden Währungen dieser Art in den kommenden Jahren an Einfluss gewinnen, so ist es nur eine Frage der Zeit, bis sich der Staat zu Lasten der Unabhängigkeit von Bitcoin und Co einschaltet.

9.3 Automatisierung und künstliche Intelligenz

Die Digitalisierung bringt viel Neues mit sich, was der Gesellschaft angeblich in jedem Fall zugutekommen soll. Doch ist dem wirklich so oder sollte man sich mehr Gedanken über die langfristigen Auswirkungen von Digitalisierung und Co machen? Die Rede ist insbesondere von Automatisierung und künstlicher Intelligenz. Themen, die zurzeit für einen regelrechten Umbruch in zigtausenden von Unternehmen und der Gesellschaft sorgen. Millionen von Menschen haben Angst vor der möglichen Entwicklung von künstlicher Intelligenz und dem Verlust ihrer Arbeitsplätze.

Automatisierung kann drastische Auswirkungen auf Arbeitsstellen haben, da durch sie standardisierte Aufgaben übernommen werden, was die Arbeit der Beschäftigten überflüssig macht. Automatisierung beschreibt den Prozess, bei welchem der vom Menschen gesteuerte Produktionsprozess auf künstliche Systeme übertragen wird. Allerdings schafft dies wiederum neue Berufe, welche meist in Bereichen wie IT oder

Datenanalyse angesiedelt sind. Kapitel 3.4 handelt unter anderem von der Gewinnmaximierung, welcher jedes Unternehmen aus wirtschaftlicher Sicht nachstrebt. Um den Gewinn zu maximieren, muss die Effizienz maximal gesteigert werden. Automatisierung und KI steigern die Produktivität sowohl in der Produktion als auch im Service. Unternehmen wird dadurch schnelleres und kostengünstigeres Arbeiten ermöglicht, was einen Wettbewerbsvorteil schafft und den Gewinn in die Höhe steigen lässt. Da die Digitalisierung einem zahlreiche neue Kenntnisse im Arbeitsalltag abverlangt, müssen Arbeitnehmer als auch Arbeitgeber ständig neue digitale Qualifikationen erwerben, um ihren Job weiterhin problemlos ausüben zu können. Wirtschaftliche Ungleichheit könnte außerdem angekurbelt werden, da Automatisierung die Einkommensunterschiede verstärkt: Hochqualifizierte Arbeitskräfte profitieren, während Arbeitsplätze geringqualifizierter Menschen zunehmend gestrichen werden.

Automatisierung und Künstliche Intelligenz können also die Welt vereinfachen, unter missbräuchlicher Verwendung aber auch schwerwiegend gefährden. KI ist eine riesige Chance für die Gesellschaft, welche den Menschen viel Arbeit abnehmen kann, jedoch stets kontrolliert sein sollte. Automatisierung fordert einige Anpassungen auf dem Arbeitsmarkt und könnte die soziale Struktur beeinflussen, da durch sie Arbeitsplätze geschaffen als auch vernichtet werden.

Übungsfragen

1. Welche Vorteile bietet E-Commerce gegenüber traditionellem Handel?

2. Welche Auswirkungen könnten Kryptowährungen auf das traditionelle Finanzsystem haben?

··

Beispielhafte Lösungen

1. - Globale Reichweite und Zielgruppenansprache durch gezielte Werbung
   - Personalisiert durch Datenanalyse
   - Schnelle und bequeme Lieferung

2. - Konkurrenz zu traditionellen Banken durch direkte und kostengünstigere Transaktionen
   - Herausforderung für Regulierungsbehörden
   - Kann physische Währungen vollständig ablösen

Kapitel 10

Nachhaltigkeit und Wirtschaft: Wie sich das Wirtschaften verändert

In Zeiten des Klimawandels ist es für unzählige Menschen immer wichtiger geworden, auf die Umwelt zu achten, um so das Fortschreiten bestmöglich einzudämmen. Man will den Planeten nicht durch übermäßigen Konsum zerstören, so dass er auch noch für zukünftige Generationen bewohnbar bleibt. Neben der Einsparung von CO_2 und dem bewussten Einsatz umweltschonender Materialien, ist vor allem aus wirtschaftlicher Sicht die effektive Nutzung der zur Verfügung stehenden Ressourcen von großer Relevanz. Die Bedürfnisse der heutigen Generationen sollen dennoch gedeckt werden, allerdings ohne die Möglichkeiten zukünftiger Generationen zu gefährden. Dies beschreibt der Begriff des nachhaltigen Wirtschaftens, welcher sowohl ökologische und soziale als auch ökonomische Aspekte berücksichtigt, um die Stabilität der Systeme auf lange Sicht zu gewährleisten. Aber warum wird nachhaltiges Wirtschaften zunehmend relevanter?

In der heutigen Zeit ist Umweltschutz kein Fremdwort mehr, da ohne ihn, der Klimawandel wiederstandlos voranschreiten und so die Lebensgrundlage der Menschen zerstört werden würde. Die Ressourcen sind ebenso begrenzt, was Menschen dazu führt, ihren ökologischen Fußabdruck zu minimieren. Darunter versteht man eine Art Indikator, der angibt, wie viel Fläche ein Mensch auf der Erde benötigt, um seinen Lebensstandard möglich zu machen. Wenn also jemand viel Fleisch isst oder viel Holz beziehungsweise Erdöl zum Heizen braucht, so steigt sein ökologischer Fußabdruck. Um der Umwelt also etwas Gutes zu tun, sollte man probieren, diesen Fußabdruck möglichst klein zu halten. Nachhaltiges Wirtschaften sichert ein langfristiges Wachstum der Wirtschaft und reduziert zudem all die potenziellen Risiken, die durch Umweltkatastrophen oder Ressourcenmangel auftreten können. Außerdem wird die soziale Gerechtigkeit positiv beeinflusst, da faire Arbeitsbedingungen und gerechte Löhne gesichert werden. Dies verbessert nicht nur die Lebensqualität in den vielen Produktionsländern, sondern auch das Vertrauen der Gesellschaft in Unternehmen, die verantwortungsbewusst agieren. Um ihren Zielen eines umweltbewussteren Lebensstandards nahezukommen, legen Kunden zunehmend Wert auf umweltfreundlichere und sozial verantwortliche Produkte.

Nachhaltiges Wirtschaften ist daher der Schlüssel zur gezielten Umsetzung, was ökologische Herausforderungen angeht zum Beispiel der Schutz der Umwelt. Das Wirtschaftssystem wird zukunftssicher gestaltet, wodurch die Resilienz gegenüber wirtschaftlichen Herausforderungen erhöht und das nachhaltige Wachstum gefördert werden.

10.1 Umwelt und Ressourcen

So gut wie alle Wirtschaftstätigkeiten beeinflussen die Umwelt durch Emissionen und die übermäßigen Abfälle, die bei der gesamten Produktion entstehen. Obendrauf kommt der massive Verbrauch natürlicher Ressourcen, was sich im Voranschreiten des Klimawandels widerspiegelt. Das Ökosystem wird dazu von erheblicher Luft- und Wasserverschmutzung, unter anderem veursacht durch Industrie, Landwirtschaft und Verkehr, aus dem Gleichgewicht gebracht. Es ist also offensichtlich, dass die uns zur Verfügung stehenden Ressourcen effizienter genutzt werden müssen, um Schlimmerem vorzubeugen.

Der schwerwiegende Ressourcenverbrauch, der die übermäßige Nutzung der natürlichen Ressourcen der Erde, wie fossile Brennstoffe oder Wasser, beschreibt, führt zu deren

Erschöpfung und schränkt die Verfügbarkeit dieser für die zukünftigen Generationen stark ein. Wirtschaftsaktivitäten aller Art tragen erheblich zum erhöhten Treibhausgasausstoß bei, was den Planeten immer mehr belastet. Dies führt nicht nur zu Umweltproblemen wie dem Klimawandel, sondern auch zu einer Bedrohung für die Lebensqualität und Gesundheit der Menschen. Der stetig wachsende CO_2-Ausstoß, bedingt durch Energieerzeugung, Transport und intensive Landwirtschaft, beschleunigt extreme Wetterereignisse, schädigt die Umwelt und verstärkt die globale Erwärmung. Auf diese Art und Weise zu wirtschaften kann also nicht für immer so weitergehen. Hier kommt die Idee der nachhaltigen Wirtschaft ins Spiel.

Sollte man das System der nachhaltigen Wirtschaft verfolgen, so würde sich dies nicht nur in Bezug auf die Umwelt positiv auswirken, sondern auch in anderen Bereichen wie sozialer Gerechtigkeit, globalem Image und der Gesundheit der Bevölkerung. Die wohl offensichtlichsten Punkte sind die des Umweltschutzes und der Ressourcenschonung. Denn einerseits werden Emissionen, also Schadstoffe oder Gase, die in die Atmosphäre abgegeben und von Menschen erzeugt werden, reduziert, was das Ökosystem schützt, und andererseits bewahren nachhaltige Prozesse natürliche Ressourcen für das hier und jetzt aber auch für kommende Generationen. Legt man den Fokus auf nachhaltiges Wirtschaften, so geschieht dies nicht von heute auf morgen. Es ist ein Prozess, der sich von Monaten bis über Jahre, gar Jahrhunderte erstreckt. Neue Sektoren und Abteilungen werden geschaffen und damit auch neue Arbeitsmöglichkeiten. Da vielen Menschen das Thema Umweltschutz sehr am Herzen liegt, genießen Unternehmen, die nachhaltige Praktiken verfolgen, häufig eine höhere Kundentreue und ein besseres Ansehen im Vergleich zu Mitbewerbern.

Doch wie so oft ist mit nachhaltigem Wirtschaften nicht ausschließlich Positives verbunden. Einige Fakten sprechen sogar sehr dagegen, werden nichtsdestotrotz von den Anhängern ausgeblendet - ob bewusst oder unbewusst ist schwer zu sagen. Zuvor wurde genannt, dass die Umstellung auf nachhaltiges Wirtschaften Monate bis Jahre in Anspruch nehmen kann und zahlreiche Investitionen von Nöten sind. Folglich hoch sind die Anfangskosten, die im besten Fall für eine reibungslose Umstellung sorgen. Da die Abläufe und Prozesse, die mit erneuerbaren Energien und neuesten Recyclingtechnologien einhergehen, eine fortlaufende technologische Entwicklung benötigen, bedeutet das in der Folge, dass sich das gesamte Wirtschaftssystem in einer Art Blase der technologischen Abhängigkeit befindet. Durch umfassende Veränderungen in Lieferketten und Produktion, die auf Unternehmen im Zuge des nachhaltigen Wirtschaftens zukommen, nimmt nicht nur die Komplexität, sondern auch die Kostenstruktur zu, was die Wettbewerbsfähigkeit beeinträchtigt. Und obwohl nachhaltige Produkte von etlichen Menschen gerne gesehen und vor allem gekauft und genutzt werden, so verändert sich das Verbraucherverhalten dennoch, denn nachhaltige Produkte sind meist teurer und werden daher gleichermaßen gemieden.

Es wird deutlich, dass nachhaltiges Wirtschaften zwar mit Herausforderungen und Umstellungen verbunden ist, am Ende des Tages jedoch eine zentrale Rolle dabei spielt, langfristig ökologische Stabilität und wirtschaftliche Sicherheit zu gewährleisten. Nur durch den verantwortungsvollen Umgang mit den der Menschheit zur Verfügung stehenden Ressourcen und die Bereitschaft zur Anpassung kann die Gesellschaft eine zukunftsfähige Wirtschaft schaffen, die sowohl der Umwelt als auch den Menschen selbst zugutekommt.

10.2 Kreislaufwirtschaft statt Wegwerfgesellschaft

Wirtschaftsmodelle gibt es viele, doch wenn es tatsächlich darum geht, nachhaltig zu sein und die Umwelt zumindest zu schonen, dann hält sich die Anzahl in einem sehr überschaubaren Bereich. Eines der wohl effektivsten Modelle ist die sogenannte Kreislaufwirtschaft, die im Folgenden in den Vergleich mit der Wegwerfgesellschaft, die momentan größtenteils betrieben wird, gestellt wird.

Aufgrund des massiven Ressourcenverbrauchs auf der Welt strebt die *Kreislaufwirtschaft* danach, den Lebenszyklus von Produkten weitestgehend zu verlängern, um so den Verbrauch zu minimieren. Dieses Wirtschaftsmodell fördert gezielt die Wiederverwendung, das Recycling oder auch die Reparatur von Produkten, um die Lebensdauer so zu steigern und die womöglich überstürzte Entsorgung zu vermeiden. Gegensätzlich ist hierzu das umstrittene „Take-Make-Dispose" Modell, bei welchem, wie der Name schon sagt, zuerst die Ressourcen entnommen, dann die Produkte hergestellt und anschließend kaum genutzt werden nur, um letzten Endes wieder in der Tonne zu landen. Die Kreislaufwirtschaft zielt also darauf ab, die endlichen Rohstoffe der Erde effizienter zu nutzen und so die Abhängigkeit von neuen Rohstoffen zu verringern. Durch die Vermeidung überstürzter Entsorgung von Produkten beziehungsweise Materialien werden Abfälle reduziert, was auf lange Sicht den Planeten schont. Ein Beispiel hierfür ist das Pfandsystem für Flaschen: Differenziert wird zwischen Plastik- und Glasflaschen, denn obwohl Plastikflaschen zwar laut Bundesministerium für Umwelt, Naturschutz, nukleare Sicherheit und Verbraucherschutz geschreddert werden und der Werkstoff Polyethylenterephthalat, kurz auch PET zu über 97% recycelt wird[10], so werden dennoch Teile verbrannt beziehungsweise auf umweltschädlichem Wege entsorgt. Glasflaschen hingegen sind ein Vorzeigebeispiel für das Modell der Kreislaufwirtschaft, da diese nach Gebrauch zurückgegeben, gereinigt und wiederverwendet werden.

Es wurde bereits kurz auf das Wirtschaftsmodell „Take-Make-Dispose" eingegangen, welches nah mit der *Wegwerfgesellschaft* verwandt ist. Denn diese Gesellschaft beschreibt das Muster, bei dem die Produkte und Materialien lediglich über einen sehr kurzen Zeitraum - im niedrigen einstelligen Wochenbereich - genutzt werden, um anschließend entsorgt zu werden. Die Produktionszyklen sind schnell und meist günstig, wobei der Wiederverwendungswert entsprechend niedrig ist. Dies hat massive Abfallmengen und hauptsächlich einen überproportionalen Ressourcenverbrauch zur Folge. Die Wegwerfgesellschaft stellt die Umwelt auf eine beispiellose Probe, da Produkte und Materialien weder recycelt noch repariert werden und letztendlich immer - wenn nicht in den Ozeanen oder der freien Natur - auf Müllhalden oder in Müllverbrennungsanlagen landen, was logischerweise Emissionen zunehmen und begrenzte Ressourcen schwinden lässt. Es gibt Unmengen von Beispielen, doch zurzeit gibt es besonders viele in der Welt der Mode. „Fast Fashion" wird der Prozess genannt bei welchem Kleidung in riesigen Mengen, oftmals in Niedriglohnländern, produziert und nach kurzer Zeit entsorgt wird, weil sich Trends geändert haben oder die Qualität tatsächlich zu wünschen übrig gelassen hat. Unabhängig vom Beweggrund führt dieser Prozess in jedem Fall zu einem Ressourcenverbrauch mit derartig fatalen Mengen an Abfall, wie sie keiner mehr (umweltgerecht) kontrollieren kann.

	Wegwerfgesellschaft	Kreislaufwirtschaft
Modell:	Take-Make-Dispose	Reduce-Reuse-Recycle
Ressourcenverbrauch:	hoch	niedriger, v.a. effizient
Produktlebenszyklus:	kurze Nutzung	lang, mehrfach nutzbar
Umweltauswirkungen:	hohe Belastung	geringe(re) Belastung
Abfall:	große Mengen	minimal, da Recycling
Beispiel:	Fast Fashion	Flaschenpfandsystem

Um die langfristigen ökologischen Ziele der Erde zu fördern, führt kein Weg am Umstieg von der Wegwerfgesellschaft zur Kreislaufwirtschaft vorbei. Das Modell der Kreislaufwirtschaft stellt eine nachhaltige Lösung dar, ohne das Wirtschaftssystem weitestgehend zu schwächen. Möglicherweise liegt es aber auch in der Hand der Menschen und vor allem in deren Mentalität, ob und wie sie das Thema Umweltschutz in Zukunft handhaben wollen.

10.3 Unternehmen und Nachhaltigkeit

Im Jahr 2022 verantworteten allein die 30 CO_2-intensivsten Industrieanlagen einen CO_2-Ausstoß von sage und schreibe 58 Millionen Tonnen, was rund 8% der deutschen Treibhausgasemissionen und circa einem Drittel der gesamten Industrieemissionen der im Klimaschutzgesetz (KSG) definierten Emissionen des Industriesektors entspricht.[11] Unternehmen sind folglich sehr zentral positioniert, was die Verantwortung für den Klimawandel angeht, und könnten durch die Ergreifung diverser Maßnahmen für mehr Nachhaltigkeit und ein gesteigertes Umweltbewusstsein sorgen.

Durch den Einsatz erneuerbarer Energien, also den Umstieg von fossilen Brennstoffen auf Solar- oder Windkraft, werden die Emissionen erheblich gesenkt. Optimiert man die Lieferketten und kann beispielsweise Transportwege streichen, seien es auch nur ein paar wenige, so macht sich dies auf lange Sicht bemerkbar. Auch wenn das Thema Elektromobilität kontrovers diskutiert wird, so sind sich viele Wissenschaftler einig, dass der gezielte Einsatz von Elektrofahrzeugen anstelle von Verbrennern dabei hilft, CO_2-Emissionen zu verringern. Überträgt man dieses Prinzip nun auf die oft tausende von Kilometern langen Transportwege von Produkten und Materialen, so bedeutet das, man könnte einen bedeutenden Teil des CO_2-Ausstoßes einsparen. Beim Thema Materialien kann obendrein darauf geachtet werden solche zu verwenden, welche recycelbar und umweltschonend sind, und um den Lebenszyklus von Produkten zu verlängern, können Unternehmen bei der Entwicklung dieser auf Langlebigkeit und Reparierbarkeit beziehungsweise Wiederverwertbarkeit achten. In der Landwirtschaft sind unter anderem die Anbaumethoden und die beträchtliche Verwendung von Düngemittel dafür verantwortlich, dass der Klimawandel vorangetrieben wird. Ein regenerativer Anbau hingegen, bei welchem vereinfacht gesagt die Gesundheit der Böden verbessert und die zusätzliche Reduktion von Düngemitteln, die Treibhausgase freisetzen, angestrebt wird, tragen zur Emissionssenkung bei.

Werden diese Maßnahmen, seien es auch nicht sofort alle, in die Tat umgesetzt, so wirkt sich das nicht nur positiv auf das Klima, sondern ebenfalls auf die Gesellschaft als auch die Märkte aus. Durch das Umsetzen dieser nachhaltigen Strategien, werden neben den schon erwähnten Punkten der verbesserten Wettbewerbsfähigkeit, der Steigerung des Unternehmensimages und der womöglich stärkeren Kundenbindung, ebenso langfristig Kosten eingespart, da aufgrund des Modells der Kreislaufwirtschaft oder der gezielten Nutzung der Digitalisierung, die Produktions- und Logistikprozesse effizienter und kostensparender von statten gehen können. Es ist gut möglich, dass in Zukunft Länder und Nationen einsehen werden, dass kein Weg mehr an der Einführung regulatorischer Maßnahmen vorbeiführt. Treten Regularien im Sinne von nachhaltigem Wirtschaften ein, so sind Unternehmen dazu gezwungen zu handeln. Erfüllen sie aber bereits einige, vielleicht sogar alle dieser regulatorischen Anforderungen, so ist bis auf weiteres kein Handeln unter Zeitdruck mehr erforderlich. Aufgrund der Zuwendung vieler Menschen hin zu Nachhaltigkeit, heißen sie es sehr willkommen in solchen

Unternehmen zu arbeiten. Dies füllt die Lücken in den Reihen etlicher Unternehmen, was den Arbeitskräftemangel angeht und kommt der Mitarbeitermotivation zugute, weil zunehmend mehr Fachkräfte bei Firmen arbeiten wollen, die sowohl sozial als auch ökologisch Verantwortung übernehmen können und dies auch tun. Unternehmen sind ab einem gewissen Punkt auf Investoren und deren Gelder angewiesen, weswegen sie immer versuchen sich bestmöglich diesen gegenüber zu präsentieren. Das Thema Nachhaltigkeit zieht Investoren wie durch Zauberhand an, da diese genauso gut wissen, dass hier viel Wachstumspotenzial besteht. Ein weiterer Fakt ist die Risikominimierung, die mit nachhaltigem Wirtschaften im Einklang steht, da dieses Risiken wie zukünftige Umweltauflagen und Regularien mindern kann und so Unternehmen resilienter gegen mögliche Krisen und Herausforderungen macht. Zu guter Letzt wirkt sich all dies positiv auf die Menschen aus, denn umweltschonende und soziale Maßnahmen helfen bei der Findung von Lösungen für globale Probleme und steigern die Verantwortung von Unternehmen in Bezug auf die Gesellschaft.

Mithilfe der richtigen Maßnahmen und der Nutzung der damit in Verbindung stehenden nachhaltigen Strategien können Unternehmen also nicht nur langfristig Kosten einsparen und umweltfreundlicher werden, sondern auch der Gesellschaft einen Dienst erweisen, indem der Planet für zukünftige Generationen erhalten bleibt.

Übungsfragen

1. Was bedeutet nachhaltiges Wirtschaften?

2. Welche Maßnahme können Unternehmen ergreifen, um nachhaltiger zu wirtschaften?

....

Beispielhafte Lösungen

1. Unter nachhaltigem Wirtschaften versteht man, die Ressourcen der Erde effizient zu nutzen, um die Umwelt bestmöglich zu schonen, soziale Gerechtigkeit zu fördern und langfristige Stabilität in der Wirtschaft zu gewährleisten.

2. - Einsatz erneuerbarer Energien
   - Verwendung recycelbarer Materialien
   - langlebige und reparierbare Produkte herstellen
   - Liefer- und Produktionsketten optimieren

Kapitel 11

Wirtschaftsethik: Verantwortung in der Wirtschaft

„Ohne Ethik hat der Mensch keine Zukunft." – Albert Schweitzer. Es wird behauptet, der Mensch hätte ohne Vorkommen der Ethik keine Zukunft - ein sehr tiefsinniges Zitat von Albert Schweitzer, einem ehemaligen Theologen und Schriftsteller, dessen direkte Formulierung Anlass zum Nachdenken gibt. Überträgt man dieses Prinzip auf die Wirtschaft, landet man bei der sogenannten *Wirtschaftsethik*, einem System, das von Menschen erschaffen wurde und maßgeblich gelenkt wird. So könnte man sich fragen, ob und vor allem was für eine Rolle Ethik in der Wirtschaft spielt und welche Folgen ein Fehlen ihrer hätte. Vorweg ist es jedoch wichtig, zuallererst einmal die Frage zu klären was genau Ethik beziehungsweise Wirtschaftsethik ist und warum sie solch eine bedeutende Rolle spielt.

Der Begriff der Ethik beeinflusst das alltägliche Handeln aller Menschen und beschreibt unter anderem das Gefühl nicht zu wissen, wie man handeln soll, da man sich unschlüssig ist, ob es das Gewissen zulässt. Ethik ist also die Theorie vom Handeln, bei welchem zwischen Gut und Böse unterschieden wird. Wendet man diese auf die Wirtschaft an, so erhält man die Definition der Wirtschaftsethik. Somit beschreibt *Wirtschaftsethik* die Untersuchung von moralischen und ethischen Prinzipien, die wirtschaftliche Tätigkeiten beeinflussen können und bestenfalls auch sollen. Sie behandelt also Fragen wie: Was ist aus moralischer Sicht her akzeptabel im wirtschaftlichen Handeln? Welche Verantwortung tragen Unternehmen gegenüber den Menschen und der Umwelt? Wie können Entscheidungen getroffen werden, die sowohl profitabel als auch ethisch vertretbar sind? Diese Fragen bilden das grundlegende Konzept der Wirtschaftsethik, da sie alle eines gemeinsam haben: Sie hinterfragen das Prinzip, dass wirtschaftliche Entscheidungen nicht ausschließlich auf finanziellen Aspekten wie dem maximalen Profit basieren, sondern stattdessen auch ethische Überlegungen miteinbeziehen sollten.

In Kapitel 3.3 wurde erwähnt, dass eines der Hauptziele so gut wie aller Unternehmensformen die Gewinnmaximierung ist. Bei diesem Thema steht ein Unternehmen meist vor der Frage wie schwer die finanziellen Aspekte im Vergleich zu den ethischen wiegen und was priorisiert werden sollte. Somit ist das Prinzip der Wirtschaftsethik aus verschiedensten Gründen für Unternehmen von großer Bedeutung.

Sollte sich ein Unternehmen dazu entscheiden, einen zunehmenden Fokus auf ethische Geschäftspraktiken zu legen und diese in seine gesamte Unternehmensstruktur zu integrieren, führt dies zu einer verbesserten Reputation. Es wird nach und nach das Vertrauen von Verbrauchern, Investoren und der Öffentlichkeit gewonnen, wodurch eine langfristige Kundenbindung und potenzielle Marktvorteile gefördert werden. In der Vergangenheit kam es bereits zu einigen Vorfällen, welche aufgrund von ethisch fragwürdigen Geschäftspraktiken wie Steuervermeidung oder Ausbeutung von Angestellten juristische Konsequenzen gefolgt von Reputationsschäden nach sich zogen. Werden jedoch aktiv die Prinzipien der Wirtschaftsethik verfolgt, kann man so Risiken dieser Art effektiver identifizieren und auch vermeiden. Zeigt ein Unternehmen auch nach außen, dass es unter dem Schirm ethischer Geschäftspraktiken wirtschaftet, werden oftmals motivierte Arbeitskräfte angezogen, da sie sich mit den Werten und Zielen identifizieren - Loyalität und Effizienz treten vermehrt auf. Ethisch vertretbare Praktiken in einem Unternehmen bedeuten zudem die Berücksichtigung der Auswirkungen ihrer Handlungen auf die Umwelt und Menschen, was das Prinzip des nachhaltigen Wirtschaftens unterstützt.

Das Thema Mensch spielt bei der Wirtschaftsethik eine der wohl wichtigsten Rollen. Denn er ist es, der die Wirtschaftsethik erst unverzichtbar macht, da er den Drang nach Gier verspürt und oftmals nicht zwischen Gut und Böse differenzieren kann. Auf der beruflichen Ebene stehen häufig Arbeitnehmer und Arbeitgeber vor Entscheidungen, die sowohl ökonomische als auch ethische Dimensionen beinhalten. Mithilfe der Prinzipien der Wirtschaftsethik ist es deutlich einfacher moralisch vertretbare Entscheidungen zu treffen, die weit über den bloßen Profit hinausgehen. Wie eben erwähnt generiert Ethik Verantwortung - so auch bei Individuen. Durch ethisch korrektes Handeln in der Wirtschaft wird die Verantwortung jedes Einzelnen für das Gemeinwohl gestärkt. Tritt dieses Verhaltensmuster vermehrt auf, so wird eine gerechte und integre Wirtschaft geschaffen. Handelt man nicht ehrlichen Gewissens und unmoralisch, kann dies einen sukzessive innerlich auffressen. Baut ein Mensch seine beruflichen Entscheidungen allerdings auf ethischen Prinzipien auf, kann er sich eine Art Gefühl der Integrität und Ehrlichkeit - für sich selbst aber auch für andere - bewahren.

Hat der Mensch ohne Ethik also tatsächlich keine Zukunft? Eine Frage, die jeder für sich selbst beantworten sollte, doch beantwortet man diese aus wirtschaftlicher Sicht so steht eines fest: Ohne die Wirtschaftsethik würden Menschen endgültig den Bezug zur Realität verlieren, da sie nicht zwischen Gut und Böse unterscheiden und ihre Gier nicht mehr zügeln könnten. Die Folgen wären ein aus moralischer Sicht völlig verdorbenes Wirtschaftssystem, das nur auf der Gewinnmaximierung basieren und die Gesellschaft und Umwelt komplett außen vor lassen würde.

11.1 Ethik im Geschäftsleben

Um zu verdeutlichen, wie Unternehmen moralische Prinzipien anwenden, aber genauso vernachlässigen können, werden in den folgenden Beispielen zum einen ethische, zum anderen unethische Geschäftspraktiken gegenübergestellt.

Ethische Geschäftspraktiken fördern das Vertrauen von Angestellten und der Öffentlichkeit in das jeweilige Unternehmen, stärken die Reputation und unterstützen das Modell des nachhaltigen Wirtschaftens. Faire Arbeitsbedingungen, sprich die Zahlung gerechter Löhne, angemessene Arbeitszeiten und sichere Arbeitsbedingungen für Arbeitnehmer, spiegeln ethisches Verhalten der Unternehmensführung unmittelbar wider. Dieses Muster zeigt, dass das Unternehmen jeden einzelnen seiner Mitarbeiter respektiert und für dessen Rechte und Wohlbefinden sorgt. Werden der sorgfältige Umgang mit Kundendaten und die korrekte Einhaltung der Datenschutzgesetze unterstützt, verbessert das das Kundenverhältnis. Der Mensch braucht häufig eine Visualisierung, sprich ihm muss erst einmal etwas vor Augen geführt werden, damit er die Lage so akzeptiert wie sie tatsächlich ist. Wirbt ein Unternehmen mit seinen Geschäftspraktiken und behauptet, wie großartig und unvergleichbar diese seien, nennt aber keine spezifischen Beispiele, so löst dies oft Misstrauen beim Kunden aus. Legt eine Firma stattdessen viel Wert auf eine transparente Kommunikation, das heißt sie kommuniziert ihre Geschäftspraktiken offen und ehrlich und belegt diese zusätzlich mit internen Informationen, die der Außenwelt eigentlich hätten unzugänglich bleiben sollen, so bewirkt dies eine Steigerung des Vertrauens von Seiten der Öffentlichkeit. Ethisch korrekte Praktiken verweisen unter anderem auf gesellschaftliches Engagement, sei es in Form von Spenden an wohltätige Organisationen oder durch die Unterstützung lokaler Projekte.

Unethische Geschäftspraktiken untergraben das Vertrauen in Unternehmen und schädigen deren Reputation massiv. Das Schlimmste sind aber wohl all die Konsequenzen, die diese Praktiken nach sich ziehen. Auf lange Sicht führen sie oft zu unvergleichlichen Verlusten und gefährden die Beziehungen zu Kunden, Angestellten und Investoren. Doch Unternehmen betreiben keineswegs unethische Geschäftspraktiken nur zum reinen Vergnügen – das primäre Ziel liegt in den finanziellen Aspekten. Vor allem in Entwicklungsländern wie Bangladesch, Afghanistan oder Armenien werden Arbeitskräfte ausgebeutet und teils unter ihrer Würde behandelt, da die Arbeitszeiten miserabel, die Löhne niedrig und die Arbeitsbedingungen menschenverachtender nicht sein könnten. Als sei dies nicht schon genug, trifft man in den besagten Ländern auch noch vermehrt auf Zwangsarbeit, also eine Arbeitsform, bei der Menschen gegen ihren Willen zur Ausführung der Arbeit gezwungen werden und keine oder nur sehr geringe Löhne erhalten. Diese Praxis ist nicht nur zutiefst unethisch, sondern verstößt gegen grundlegende Menschenrechte und ist in zahlreichen Ländern verboten, bleibt dennoch in einigen Regionen ein ernstes Problem, das nur schwer unter Kontrolle gebracht werden kann. Im folgenden Diagramm ist die weltweite Zwangsarbeit des Jahres 2021 dargestellt. Die Zahl der Betroffenen beläuft sich auf ganze 27,6 Millionen Menschen, wobei unter diesen in drei verschiedene Gruppen differenziert wird. Die Dunkelziffer ist aber mit Sicherheit größer, wobei viele unentdeckte Fälle vermutet werden können.

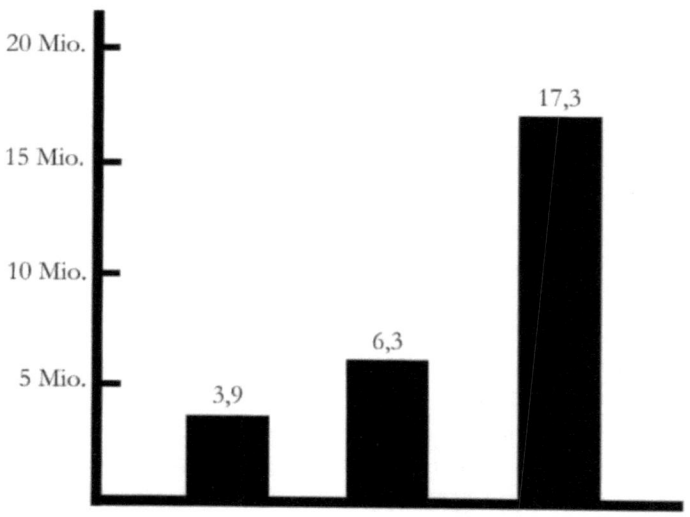

3,9 Millionen Menschen: Zwangsarbeit, staatlich auferlegt
6,3 Millionen Menschen: Kommerzielle sexuelle Ausbeutung
17,3 Millionen Menschen: Zwangsarbeit in anderen Bereichen der Privatwirtschaft[12]

Um die Verkaufszahlen und den damit in Verbindung stehenden Gewinn zu maximieren, greifen Unternehmen ebenso zu irreführenden Werbungen wie beispielsweise übertriebenen Versprechen oder das Verschweigen der negativen Seiten des eigenen Produkts. Auf diesem Wege werden die Konsumenten hintergangen und das Risiko einer sich verschlechternden Reputation des Unternehmens steigt an. Gelingt solch eine Gewinnmaximierung, so ist zwar der Plan vorerst aufgegangen, jedoch müssen jetzt auch mehr Abgaben an den Staat geleistet werden - die Rede ist von Steuern. Um nun aber wirklich den generierten Gewinn auszuschöpfen, kommt das Prinzip der Steuervermeidung ins Spiel. Unternehmen nutzen gerne sogenannte Steueroasen, also Länder die sehr niedrige Steuersätze haben, um darüber ihre Gewinne laufen zu lassen und so die hohen Steuersätze in Deutschland gezielt zu umgehen.

Es gibt etliche solcher aggressiven Steuersparmodelle, die jedoch so komplex aufgebaut sind, dass es Behörden nur selten und mit mühsamer Kleinarbeit gelingt, das Konstrukt vollständig zu entschlüsseln. Diese Art von Steuervermeidung wird verstärkt von der Gesellschaft als moralisch verwerflich angesehen, da solche Praktiken das Gemeinwohl schwächen, indem weniger Gelder an den Staat und mehr an den privaten Geschäftsmann fließen.

Während ethische Geschäftspraktiken somit das Vertrauen der Gesellschaft stärken und zu einer fairen und nachhaltigen Wirtschaft beitragen, kann dagegen unethisches Verhalten kurzfristige Vorteile bringen, jedoch langfristig häufig zu Reputationsschäden und sozialen als auch ökologischen Schwierigkeiten führen.

11.2 Corporate Social Responsibility (CSR)

Sobald ein Unternehmen an den Punkt gelangt, an dem es aus freien Stücken - also über gesetzliche Vorgaben hinaus - gesellschaftliche Verantwortung übernimmt, so bezeichnet man das als Corporate Social Responsibility, kurz auch CSR. Es handelt sich hier um Maßnahmen, mit denen Unternehmen nicht lediglich wirtschaftlichen Zielen nachgehen, sondern auch ökologische und soziale Aspekte berücksichtigen. Diese Verantwortung erstreckt sich auf drei verschiedene Bereiche:

Durch die Unterstützung lokaler Gemeinschaften und der Förderung wohltätiger Zwecke weißt ein Unternehmen auf soziales Engagement hin.
Reduziert es seine Emissionen und strebt nach einer nachhaltigen Beschaffung von Ressourcen so zeigt ein Unternehmen nach außen, dass Umweltschutz nicht zu kurz kommen darf.

Ethik und Transparenz vervollständigen das Dreierlei, also das Vorkommen von fairen Geschäftspraktiken und die Einhaltung von Menschenrechten.

In den vergangenen Kapiteln wurden bereits einige Vorgehensweisen erläutert, durch die Unternehmen gesellschaftliche Verantwortung übernehmen können. Für ein genaueres Verständnis der CSR folgen nun noch einmal die Arten, welche von größter Bedeutung sind.

Nachhaltiges Wirtschaften ist zur Erfüllung der CSR essenziell, weswegen die Verwendung umweltfreundlicher Materialien, Abfallminimierung und Investitionen in erneuerbare und zukunftsorientierte Technologien nicht zu kurz kommen sollten. Ein Unternehmen ist nur so stark wie sein schwächstes Glied, deswegen ist es wichtig alle Mitarbeiter weitestgehend zu fördern und Chancengleichheit zu gewährleisten. Um für das Wohlergehen der Angestellten zu sorgen, müssen - je nach Job - möglichst flexible Arbeitsmodelle zum Beispiel in Form von Remote-Work angeboten werden. Vor allem sehr karriereorientierte Menschen legen viel Wert auf berufliche Weiterbildungsmöglichkeiten, welche sich häufig von Unternehmen zu Unternehmen massiv unterscheiden. Um Verbundenheit mit der Allgemeinheit zu demonstrieren, sind gemeinschaftliche Initiativen wie Spenden an wohltätige Organisationen oder Kooperationen mit lokalansässigen NGOs ein gerne gesehener Weg. NGOs sind non-governmental organizations, zu deutsch Nichtregierungsorganisationen. Das bedeutet, NGOs sind unabhängige, nichtstaatliche Organisationen, die nicht gewinnorientiert sind und lediglich einen mildtätigen Zweck verfolgen. Um Corporate Social Responsibility wirklich zu erfüllen, ist aber vor allem ethisch korrektes Handeln notwendig. Eine faire Lohnstruktur und zufriedenstellende Arbeitsbedingungen für jedermann sind elementar. Zudem ist eine strikte Überwachung vom Lieferanten bis hin zum Endprodukt unumgänglich, da ein Unternehmen nur so Zwangsarbeit, Kinderarbeit oder gar Schlimmeres ausschließen kann.

Corporate Social Responsibility bietet also nicht nur Vorteile für die Gesellschaft, sondern auch für Unternehmen selbst. Zum einen werden Image und Reputation gestärkt, was sich positiv auf das Vertrauen von Kunden und Partnern auswirkt. Zum anderen profitiert die Mitarbeiterbindung von der Verwendung von CSR, da die Angestellten dieselben Werte teilen und so die Motivation in Verbindung mit der Produktivität zunimmt. Abschließend zu erwähnen ist der gesteigerte langfristige Erfolg, der durch die Reduzierung von Risiken und die damit einhergehende Resilienz im Thema Wettbewerbsfähigkeit gewährt wird.

CSR ist ein unverzichtbarer Bestandteil der modernen Unternehmensführung und wird mit Sicherheit in Zukunft noch mehr Beachtung gewinnen. Es hilft Unternehmen, zugleich Verantwortung für ihre Rolle in der Gesellschaft zu übernehmen als auch die Grundlage für nachhaltigen Erfolg zu schaffen. Corporate Social Responsibilty ist nicht nur ein moralisches Gebot, sondern auch ein strategischer Vorteil in einer zunehmend bewussten und vernetzten Welt.

11.3 Ethik und Globalisierung

Zurzeit wird von der dritten Phase der Globalisierung gesprochen, die je nach Quelle zwischen 1980 und 2000 eingeläutet wurde. Seit Beginn der Globalisierung, sprich ab dem 19. Jahrhundert, führt diese zu einer stärkeren Vernetzung der Welt und bringt nach wie vor zahlreiche Vorteile mit sich, wie wirtschaftliches Wachstum, den Austausch von Wissen und den Zugang zu neuen Märkten. Zur selben Zeit wirft sie jedoch auch komplexe ethische Fragen auf, insbesondere im Hinblick auf

Arbeitsbedingungen, diverse Umweltstandards und soziale Gerechtigkeit.

Die Arbeitsbedingungen in vielen Ländern des globalen Südens stehen im Zentrum ethischer Diskussionen zur Globalisierung. In diesen Regionen, in die zahlreiche global agierende Unternehmen ihre Produktion verlagern, sind die Lebens- und Arbeitsumstände oft prekär. Viele Arbeiter verdienen unangebrachte Löhne, obwohl sie für bekannte Firmen produzieren. Zudem werden Sicherheitsstandards häufig missachtet, was tragische Konsequenzen für Mensch und Umwelt haben kann. Dies zeigt beispielsweise der Einsturz des Rana-Plaza-Gebäudes 2013 in Bangladesch. Obendrein kommt der Punkt, dass manche Unternehmen indirekt von Zwangs- oder Kinderarbeit profitieren, die in einigen Lieferketten weiterhin verbreitet ist. Diese Missstände werfen dringende ethische Fragen auf, die wie folgt lauten: Sind multinationale Unternehmen verpflichtet, für bessere Bedingungen zu sorgen, selbst wenn die lokalen Gesetze dies nicht fordern? Ebenso die Frage, ob die gezahlten Löhne im Verhältnis zu den Lebenshaltungskosten gerecht sind, bleibt kontrovers. Um sich hiervon zu distanzieren, könnten Unternehmen globale Arbeitsstandards wie die ILO-Kernarbeitsnormen einhalten und Fair-Trade-Zertifizierungen anstreben. Transparenz in Lieferketten ist ebenfalls entscheidend, um Ausbeutung aufzudecken und zu verhindern.

Die Globalisierung hat massive Umweltprobleme verursacht, insbesondere in Produktionsländern wie China und Indien. Eine häufige Folge ist die übermäßige Umweltzerstörung durch Abholzung, Luft- und Wasserverschmutzung oder die Ausbeutung natürlicher Ressourcen. Industrieländer exportieren umweltschädliche Prozesse oft in Entwicklungsländer, in denen laschere Vorschriften gelten, wodurch die Umweltprobleme ungleich verteilt werden. Diese Entwicklungen hinterfragen zum

Beispiel, ob Industrieländer ärmere Staaten bei der Implementierung umweltfreundlicher Technologien unterstützen sollten. Ein weiteres Beispiel lautet: Welche Verantwortung tragen Unternehmen, die weltweit tätig sind, im Hinblick auf die Reduzierung von Umweltbelastungen? Um nachhaltiger zu handeln, sollten Unternehmen umweltfreundliche Produktionsmethoden fördern und in grüne Technologien investieren, insbesondere in Schwellen- und Entwicklungsländern. Auch die Einführung internationaler Umweltstandards, die weltweit durchgesetzt werden, ist essenziell. Unternehmen können so ihre ökologischen Fußabdrücke verringern und einen positiven Beitrag zum Klimaschutz leisten. Die Bewältigung dieser Herausforderungen erfordert allerdings Zusammenarbeit auf globaler Ebene zwischen Regierungen, Unternehmen und Gesellschaften - ein langwieriger und komplexer Prozess, bei welchem die Hürden entsprechend hoch sind.

Die Zunahme des wirtschaftlichen Wachstums in vielen Ländern ist in einigen Fällen der Globalisierung zuzuschreiben, dennoch hat sie auch soziale Ungleichheiten verschärft. Während große Unternehmen und wohlhabende Nationen erheblich von der Globalisierung profitieren, bleiben viele Entwicklungsländer und benachteiligte Bevölkerungsgruppen zurück. Kleine lokale Produzenten haben oft Schwierigkeiten, mit globalen Konzernen zu konkurrieren, was zu deren Marginalisierung, sprich deren Verdrängung, führen kann. Schaut man sich diesen Zustand genauer an, entstehen dabei gerne folgende Fragen: Ist es möglich, die Vorteile der Globalisierung gerechter zu verteilen? Sollten Unternehmen verpflichtet werden, soziale Gerechtigkeit aktiv zu fördern?
Um diesen Herausforderungen zu begegnen, könnten multinationale Konzerne kleine und lokale Unternehmen stärker unterstützen und Steuerregelungen eingeführt werden, die ihre gesellschaftliche Verantwortung fördern. Zudem könnten

Bildungsprogramme den Menschen in Entwicklungsländern helfen, sich besser in die globalisierte Wirtschaft zu integrieren. Die Förderung von Chancengleichheit und die Bekämpfung von Ungleichheit sind ebenso nötig, um die Globalisierung gerechter zu gestalten und vor allem langfristig sozialen Frieden zu sichern.

Zusammenfassend ist es somit wenig überraschend, dass die Globalisierung etliche Chancen bietet, aus ethischer Sicht jedoch mindestens fast genauso viele Herausforderungen und Probleme mit sich bringt. Unternehmen und Regierungen aber auch die Konsumenten selbst stehen in der Verantwortung über die weitere Gestaltung globaler Produktions- und Handelsstrukturen zu entscheiden. Mit den richtigen Entscheidungen können Arbeitsbedingungen verbessert, der Umweltschutz gefördert und soziale Gerechtigkeit gestärkt werden. Es ist kein Geheimnis, dass ethisches Handeln in solch einer Welt keine Option, sondern eine Pflicht ist, um zukünftiges Wohlergehen zu sichern.

Übungsfragen

1. Was bedeutet Wirtschaftsethik und warum ist sie wichtig?

2. Was versteht man unter Corporate Social Responsibility (CSR?)?

....

Beispielhafte Lösungen

1. Wirtschaftsethik befasst sich mit moralischen Prinzipien und Werten, die das wirtschaftliche Handeln von Unternehmen und Individuen leiten. Sie ist wichtig, um verantwortungsvolles Handeln zu fördern, soziale Gerechtigkeit zu gewährleisten und negative Auswirkungen auf Gesellschaft und Umwelt zu minimieren.

2. Corporate Social Responsibility (CSR) bezeichnet die freiwillige Verantwortung von Unternehmen, durch nachhaltiges Wirtschaften positive Beiträge für Gesellschaft und Umwelt zu leisten.

Kapitel 12

Zukunft der Wirtschaft: Trends und Herausforderungen

Kein Mensch kann in die Zukunft blicken. Spricht man also über zukünftige Entwicklungen, so sind dies immer nur Behauptungen oder Annahmen. Man kann lediglich spekulieren. Allerdings gibt es - was wirtschaftliche Themen angeht - Unmengen an Kennzahlen, Indikatoren und Trends, die einen Blick in die Zukunft zwar nicht hundertprozentig ermöglichen, dennoch eine grobe Richtung angeben können. Doch was genau sind wirtschaftliche Trends und welche Kennzahlen und Indikatoren gibt es?

Ist die Rede von einem wirtschaftlichen Trend, so spricht man von einer klaren Bewegung des Marktes, ganz egal, ob nach unten oder nach oben.
Einer der wohl aktuellsten ist die Digitalisierung. Durch sie werden Technologien wie Automatisierung, Künstliche Intelligenz und Cloud-Computing eingeführt, welche alle eine Gemeinsamkeit haben: das Ziel Geschäftsprozesse zu revolutionieren. Wie in den vergangenen Kapiteln bereits erklärt wurde, expandieren E-Commerce und digitale Plattformen rasant, weswegen das Thema Cybersicherheit für immer mehr Unternehmen an Relevanz gewinnt.
Auch wenn der Trend der Globalisierung in den letzten Jahren etwas abgenommen hat, so beeinflusst er stets die Weltwirtschaft. Denn trotz protektionistischer Tendenzen und geopolitischer Spannungen bleiben globale Handelsströme zentral. Zwar diversifizieren Unternehmen ihre Lieferketten zunehmend, um Risiken zu minimieren, dies ändert dennoch nichts an dem zuvor genannten Fakt.
Die Welt befindet sich inmitten eines demografischen Wandels, bei welchem die alternde Bevölkerung in Industrieländern die Sozial- und Rentensysteme belastet, während die junge

Bevölkerung vor allem in Schwellenländern Potenzial für Konsum und Arbeitskräfte bietet.

Der Klimawandel und durch ihn eingeführte Regularien erzwingen Investitionen in grüne Technologien. Unternehmen müssen zunehmend Environmental-, Social- und Governance-Kriterien (ESG) erfüllen, da Verbraucher und Investoren Nachhaltigkeit einfordern. Innovationen in erneuerbare Energien und nachhaltige Geschäftsmodelle treiben das Wachstum in diesem Bereich an.

Der Trend der Urbanisierung schafft Herausforderungen und Chancen. Wachsende Städte treiben die Nachfrage nach Wohnraum, Infrastruktur und Dienstleistungen in die Höhe. Um ökologische und soziale Herausforderungen bestmöglich zu bewältigen, planen immer mehr Länder den Ausbau von sogenannten Smart Cities oder einer nachhaltigen Stadtplanung. Urbanisierung fördert wirtschaftliche Dynamik, kann offensichtlich aber auch Ungleichheiten und Umweltprobleme verstärken.

Ein Trend, der von all den eben genannten Faktoren gelenkt wird, ist der Trend der Konjunktur. Dieser gibt an, wie sich die Wirtschaft einer Volkswirtschaft, gemessen an der Kennzahl des Bruttoinlandprodukts (BIP), über einen gewissen Zeitraum entwickelt. Allgemein lässt sich sagen, dass die Wirtschaft auf lange Sicht wächst. Zwar gibt es immer mal wieder Zeiten eines Booms beziehungsweise einer Tiefphase, schaut man sich diese jedoch auf wirklich lange Sicht an, so erkennt man gewisse Muster – es entstehen Zyklen. Diese Konjunkturzyklen werden von Faktoren wie technologischen Innovationen, demografischen Veränderungen und politischen Rahmenbedingungen beeinflusst. In der heutigen Zeit spielen zudem globale Ereignisse, wie Pandemien oder geopolitische Konflikte, eine zunehmend größere Rolle in der Konjunkturentwicklung. Im folgenden Diagramm ist solch ein Konjunkturzyklus dargestellt.

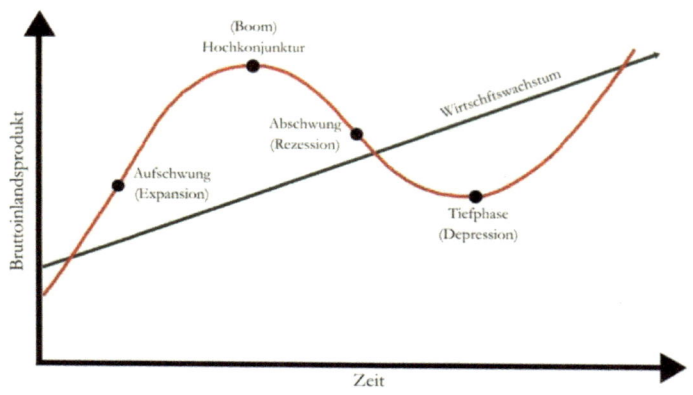

12.1 Herausforderungen in den nächsten Jahrzehnten

Die globalen und lokalen Wirtschaftssysteme stehen vor einer Vielzahl komplexer Herausforderungen, die ihre Strukturen und Funktionsweisen nachhaltig prägen werden. Zu den größten Problemen gehören der Klimawandel, soziale Ungleichheit, technologische Umbrüche und geopolitische Unsicherheiten.

Eine der drängendsten Aufgaben ist der Umgang mit dem Klimawandel. Unternehmen und Staaten müssen ihren CO_2-Ausstoß drastisch reduzieren, um die Erderwärmung in den kommenden Jahren zu begrenzen und die Ziele des Pariser Klimaabkommens zu erreichen. Der Übergang zu einer nachhaltigen Wirtschaft erfordert Investitionen in erneuerbare Energien, grüne Technologien und Infrastruktur, was einerseits Chancen für Innovationen und neue Arbeitsplätze bietet, andererseits aber traditionelle Industrien und Geschäftsmodelle unter Druck setzt. Diese Transformation birgt nicht nur technologische und wirtschaftliche Risiken, sondern stellt auch eine soziale Herausforderung dar, da sie den Zugang zu Ressourcen und die Verteilung von Kosten und Nutzen beeinflusst. Eng damit verknüpft ist die wachsende soziale Ungleichheit, die sowohl innerhalb als auch zwischen Ländern zunimmt. Während viele Regionen der Welt von globalem Handel und technologischem Fortschritt profitieren, bleiben andere zurück. Besonders problematisch ist der ungleiche Zugang zu Bildung, Arbeit und medizinischer Versorgung, der soziale Spannungen und politische Instabilität fördert. Ungleichheit gefährdet nicht nur den sozialen Zusammenhalt, sondern auch das Vertrauen in staatliche und wirtschaftliche Institutionen, was langfristig das wirtschaftliche Wachstum hemmen kann. Um dem entgegenzuwirken, müssen Regierungen und Unternehmen inklusivere und gerechtere Maßnahmen entwickeln.

Der technologische Wandel stellt eine weitere Herausforderung dar. Die rasante Entwicklung von Automatisierung und künstlicher Intelligenz beinhaltet das Potenzial, Arbeitsplätze zu schaffen, aber auch das Risiko zahlreiche Berufe zu ersetzen. Dies kann schwerwiegende Folgen auf die Arbeitslosenquoten haben, welche bereits in Kapitel 8 erwähnt wurden. Besonders betroffen sind routinierte Tätigkeiten in Industrie und Verwaltung. Diese Disruption erfordert große Investitionen in die Weiterbildung der Arbeitskräfte, um sicherzustellen, dass sie in neuen Berufsfeldern konkurrenzfähig bleiben. Gleichzeitig steigt die Bedeutung von Cybersicherheit, da Unternehmen und Regierungen mit zunehmenden Bedrohungen durch Hackerangriffe konfrontiert sind.

Die geopolitischen Spannungen wie der Ukraine-Krieg setzen die Globalisierung unter Druck. Handelskonflikte, geopolitische Rivalitäten und regionale Instabilitäten, wie etwa die Rivalität zwischen den USA und China, gefährden internationale Lieferketten und Märkte. Zusätzlich verschärfen Konflikte um knappe Ressourcen wie Wasser und Energie die Spannungen zwischen Staaten. Somit stehen Unternehmen vor der Aufgabe, ihre Lieferketten widerstandsfähiger und unabhängiger von geopolitischen Risiken zu machen.

Eine weitere Herausforderung ist der ungleiche Zugang zu Bildung. Qualitativ hochwertige Bildung bleibt in vielen Regionen ein Privileg, wodurch wirtschaftliche Chancen ungleich verteilt sind. Der technologische Wandel erfordert zudem lebenslanges Lernen, um die Beschäftigungsfähigkeit zu sichern und Unternehmen mit gut ausgebildeten Fachkräften zu versorgen.

Abschließend stellt die finanzielle Stabilität eine vor allem langfristige Herausforderung dar, denn viele Staaten sind hoch verschuldet, was ihre Fähigkeit, in Krisen flexibel zu reagieren, einschränkt. Inflation und steigende Zinsen erhöhen den Druck auf öffentliche und private Haushalte, während die Zentralbanken eine Balance zwischen Preisstabilität und Wirtschaftswachstum gewähren müssen. Nur durch globale Zusammenarbeit und mutige Innovationen können diese Herausforderungen gemeistert werden.

Im Wesentlichen lässt sich festhalten, dass die Wirtschaft in den kommenden Jahrzehnten vor gewaltigen Herausforderungen steht, die ihre Resilienz gehörig auf die Probe stellen werden. Sollen diese Hindernisse gemeistert werden, erfordert dies eine engere Zusammenarbeit und gemeinsames Handeln von Regierungen, Unternehmen und der Gesellschaft.

12.2 Die Rolle des Einzelnen in der Wirtschaft

Jeder kann die Zukunft mitgestalten und mit den ihm zur Verfügung stehenden Möglichkeiten seinen Teil beitragen. Im Mittelpunkt stehen: bewusste Entscheidungen zu treffen, sich zu engagieren und sein Wissen bestmöglich einzubringen.

Einer der einfachsten Wege und eine der direktesten Möglichkeiten ist es, bewusst zu konsumieren und in nachhaltige Produkte und Unternehmen zu investieren. Indem die Gesellschaft auf fair produzierte Waren setzt und in Unternehmen investiert, die unter anderem Wert auf soziale Verantwortung und Nachhaltigkeit legen, wird signalisiert, dass diese Werte von Bedeutung sind und eine Wirtschaft gefördert, die auf langfristige und moralisch vertretbare Praktiken ausgerichtet ist. Darüber hinaus kann unternehmerisches Denken einen entscheidenden Einfluss auf die Wirtschaft haben, denn wer eine innovative Geschäftsidee hat, die ökologische oder soziale Herausforderungen anspricht, kann durch die Gründung eines Unternehmens einen positiven Beitrag leisten. Ebenso lohnt es sich, Start-ups zu unterstützen, die nachhaltige Geschäftsmodelle verfolgen. Investitionen in zukunftsorientierte Unternehmen tragen dazu bei, dass neue Ideen und Technologien den Markt erreichen und die Wirtschaft voranbringen.

Die kontinuierliche Weiterbildung und der Erwerb neuer Fähigkeiten sind ebenfalls von großer Bedeutung, da die Digitalisierung und technologische Fortschritte die Arbeitswelt in rasantem Tempo verändern. Indem man sich neuen Technologien anpasst und lebenslang lernt, kann man nicht nur die eigenen Karriereaussichten verbessern, sondern auch dazu beitragen, dass die zukünftigen Arbeitskräfte gut vorbereitet sind. Zudem können die Menschen ihr Wissen weitergeben und als Mentoren anderen helfen, sich den Anforderungen der neuen Wirtschaft zu stellen.

Die lokale Wirtschaft zu stärken, ist ein weiterer entscheidender Schritt, denn wer lokale Unternehmen unterstützt, trägt nicht nur zur Förderung der regionalen Wirtschaft bei, sondern hilft auch, die negativen Auswirkungen globaler Lieferketten zu verringern. Durch den Kauf von Produkten aus der Umgebung und die Teilnahme an lokalen Netzwerken kann man die wirtschaftliche

Resilienz aller Gemeinschaften fördern und dazu beitragen, dass lokale Märkte erhalten bleiben und bestenfalls florieren.

Politisches Engagement und die Teilnahme an gesellschaftlichen Diskussionen spielen mindestens eine genauso große Rolle. Setzen sich Menschen für politische Teilhabe, soziale Gerechtigkeit, Umweltschutz und eine nachhaltige Wirtschaft ein, so kann man auf institutioneller Ebene Veränderungen angehen. Wahlen, Petitionen oder aktive Teilnahme an Diskussionen über wirtschaftspolitische Themen bieten die Möglichkeit, die Richtung der Wirtschaft mitzubestimmen.

Wer sich für nachhaltige Praktiken und eine faire Unternehmenskultur einsetzt, kann das Arbeitsumfeld positiv beeinflussen. Durch die Einführung von Initiativen zur Ressourcenschonung oder die Förderung eines respektvollen und integren Miteinanders wird dazu beigetragen, dass Unternehmen nicht nur profitabel, sondern auch sozial verantwortlich handeln.

Zu guter Letzt ist es wichtig, kreative und zukunftsorientierte Ideen zu entwickeln und zu teilen. Durch Innovationen in Bereichen wie Kunst, Wissenschaft und Technologie können neue Lösungsansätze für wirtschaftliche, soziale und ökologische Herausforderungen gefunden werden. Wenn gemeinsam an nachhaltigen und inklusiven Projekten gearbeitet wird, kann man eine Wirtschaft gestalten, die nicht nur finanziellen Erfolg bringt, sondern auch das Wohl der Gesellschaft im Ganzen fördert. Jeder hat die Möglichkeit, mit seinen Entscheidungen und Taten Einfluss auf die Wirtschaft von morgen zu nehmen und so eine gerechtere, nachhaltigere Zukunft mitzugestalten.

Übungsfragen

1. Welche wirtschaftlichen Trends begegnen uns im Alltag?

2. Wie könnten zukünftige Herausforderungen die Wirtschaft beeinflussen?

....

Beispielhafte Lösungen

1. Im Alltag gibt es wirtschaftliche Trends wie die zunehmende Digitalisierung, die Verlagerung von traditionellen Geschäften hin zu Online-Plattformen und den wachsenden Fokus auf Nachhaltigkeit, etwa durch den Boom von Elektroautos und umweltfreundlichen Produkten.

2. Zukünftige Herausforderungen wie der Klimawandel, die demografische Veränderung und technologische Umwälzungen könnten die Wirtschaft zu nachhaltigeren Praktiken zwingen, die Arbeitsmärkte verändern und die globale Zusammenarbeit stärken aber auch verkomplizieren.

Kapitel 13

Die Grundlage der Aktienmärkte und des Investierens

Aktienmärkte gibt es bereits seit über 600 Jahren, wobei die erste Börse im Jahr 1409 gegründet wurde. Als Aktienmärkte betitelt man Orte, an denen Anteile an Unternehmen – in Form von Aktien – gehandelt werden. Durch den Kauf solch einer Aktie erwirbt der Investor einen kleinen Teil des Unternehmens und wird zum Mitinhaber. Dies gibt ihm einerseits das Recht auf potenzielle Dividendenzahlungen, andererseits ist er am Erfolg oder Misserfolg des Unternehmens beteiligt, was sich am Verlauf des Aktienkurses bemerkbar macht. Zu den bekanntesten Börsen, die sich über den gesamten Erdball erstrecken, gehören zum Beispiel die New York Stock Exchange (NYSE), die Nasdaq und auch die Deutsche Börse.

Aktienmärkte spielen eine entscheidende Rolle bei der Kapitalbeschaffung vieler Unternehmen. Durch Börsengänge, welche im Fachjargon IPOs (Initial Public Offering) genannt werden, erhalten diese die nötigen Mittel für Investitionen, Forschung oder Expansionen. Zur selben Zeit bieten solche Märkte ihren Anlegern die Möglichkeit, ihr Kapital strategisch einzusetzen, um von den Erfolgen der Unternehmen zu profitieren. Somit fungieren sie als eine Art Brücke zwischen Investoren und Unternehmen und fördern wirtschaftliches Wachstum.

Ist man von einem Konzern überzeugt und kommt nach ausreichender Analyse zu dem Entschluss in diesen zu investieren, so gibt es eine Vielzahl von Finanzinstrumenten wie man sein Geld anlegen kann. Doch die Märkte beschränken sich nicht nur ausschließlich auf Unternehmen, sondern erstrecken sich auch auf etliche andere Dinge. Grundsätzlich kann man in der heutigen Zeit an der Börse auf alles nur Erdenkliche spekulieren. Von Rohstoffen über Devisen bis hin zu den Preisen von Orangen! Hat man sich für eine Investition entschieden, so trifft man auf die verschiedensten Arten von Finanzinstrumenten:

Aktien: Hier erwirbt man Eigentumsanteile an einem Unternehmen. Manche Titel sind dafür bekannt hohe Dividenden zu zahlen, andere wiederum für ihre hohe Volatilität. Wie die aktuelle Stimmung in einem Unternehmen ist, lässt sich meist sehr gut am Kursverlauf ablesen.

Anleihen: Bei Anleihen handelt es sich um Schuldverschreibungen, bei denen der Investor dem Emittenten Geld leiht. Der Emittent ist häufig der Staat oder ein Unternehmen. Folglich spricht man von Staatsanleihen oder Unternehmensanleihen. Anleihen haben eine feste Laufzeit, können jedoch, falls sie an der Börse gehandelt werden, vor Ablauf der Laufzeit verkauft werden. Der Zinssatz ist entweder fest oder variabel. Zu vermerken ist, dass Anleihen ohne pauschale Berücksichtigung der Bonität des Unternehmens oder des Staates, als sehr sicher gelten.

Fonds: Fonds sind in den letzten Jahren zu einer sehr beliebten Anlagestrategie geworden, da sie, was das Risiko-Rendite-Verhältnis angeht, recht ausgeglichen und fair sind. Ein Fond ist eine Sammelanlage, bei welcher viele Investoren ihr Kapital zusammenlegen, das dann von einem Fondsmanager verwaltet wird. Ist dies der Fall spricht man von einem aktiv verwalteten Fonds – entsprechend hoch sind die Gebühren, die bei einer Investition anfallen. Aufgrund dessen investiert die Mehrheit der Kleinanleger in sogenannte ETFs (Exchange-traded funds), welche passiv verwaltet werden.

Derivate: Dies sind riskante und hochkomplexe Anlageprodukte, deren Wertentwicklung auf einem Basiswert basiert. Der Basiswert kann in der Regel alles Mögliche sein. Wichtig zu erwähnen ist, dass diese Art von Finanzinstrument sehr umstritten ist und nur von Investoren, die das nötige Wissen besitzen, gehandelt werden sollten.

Aktienmärkte lassen sich in vier Hauptsegmente unterteilen, wobei es völlig ausreicht, die ersten beiden Segmente zu kennen, um ein solides Verständnis aufzubauen.

Der Primärmarkt beschäftigt sich mit der Ausgabe neuer Aktien, was meist im Rahmen eins IPOs geschieht. Der Sekundärmarkt hingegen, deckt den Bereich ab, in welchem bereits emittierte also börsennotierte Aktien gehandelt werden. Bekannte Beispiele sind die NYSE oder Xetra.

Doch was genau sind nun Börsen?

Börsen sind physische oder virtuelle Marktplätze, an denen der Handel mit den soeben genannten Finanzinstrumenten stattfindet. Eine Börse nutzt ein Ordersystem, bei dem Angebot und Nachfrage die Preise bestimmen – vergleichbar mit Auktionshäusern. Investoren können Kauf- und Verkaufsaufträge platzieren, die automatisch abgeglichen werden.

Indizes bündeln eine Auswahl von Aktien und dienen als wichtige Indikatoren für die Marktentwicklung. Zudem sind sie ein Maßstab für die Leistung eines Portfolios. Erzielt ein Portfolio eine höhere Rendite als die Benchmark, also ein Index, so verweist dies in der Regel auf eine überdurchschnittliche Performance.

Wichtige Indizes:

DAX: Der Deutsche Aktienindex enthält die 40 größten börsennotierten Unternehmen Deutschlands, zum Beispiel Siemens und SAP.

Dow Jones: Der „Dow" listet die 30 größten börsennotierten US-Unternehmen, darunter bekannte Firmen wie Apple oder Microsoft.

MSCI World: Er bildet die Wertentwicklung von über 1.500 Unternehmen aus Industrieländern weltweit ab.

S&P 500: Er bildet die Wertentwicklung der 500 größten US-Unternehmen ab, die börsengelistet sind. Der „S&P" gilt als Benchmark (Maßstab) für die Gesamtentwicklung des US-amerikanischen Aktienmarktes. Hier findet man beispielsweise Meta Platforms oder Nvidia.

13.1 Grundlagen des Investierens

Ist man entschlossen ein Investment zu tätigen, sollte man sich immer zuerst über drei Dinge im Klaren sein: Wie hoch ist meine erwartete Rendite? Wie hoch ist das Risiko (Stichwort Risk-Return-Ratio, also das Verhältnis von Risiko zu Rendite)? Wie lange ist der Anlagezeitraum, wann will ich abstoßen?
Kennt man die Antwort auf diese drei Punkte, so steht man vor der Frage welche Anlageart für einen persönlich die beste ist.

Aktien bieten hohe Renditechancen und sind für viele Anleger eines der beliebtesten Anlageprodukten. Vergessen wird aber meist das risikobehaftete Verhalten, da der Kurs einer Aktie innerhalb weniger Tage oder Wochen im niedrigen bis mittleren zweistelligen Prozentbereich schwanken kann - in einer normalen Marktlage. Es gibt Aktien von kleinen Unternehmen bis hin zu den größten der Welt. Diesen großen Unternehmen vertrauen etliche Anleger ihre Ersparnisse an, da sie mit umsatzstarken Zahlen und zufriedenstellenden Renditen meist über mehrere Jahre, oft Jahrzehnte überzeugt haben. Ebenso stimmig sind die Zukunftsaussichten und ihre Position im Gesamtmarkt. Diese Art von Unternehmen werden „Blue Chips" genannt. Beispiele sind Apple, Microsoft oder auch Alphabet, der Mutterkonzern von Google.

Anleihen sind, was die Chancen auf hohe Renditen angeht, eher eingeschränkt, dennoch haben sie eine ausgezeichnete Risk-Return-Ratio. Die meisten Anleihen bieten niedrige Renditen ($\approx$2,5-5% p.a.), haben im Gegenzug dafür jedoch ein sicheres Profil, welches die genannten Renditen in der Regel immer gewährleistet. Wie sicher nun eine Anleihe ist, hängt von der Bonität des Emittenten ab. Je schlechter die Bonität, desto höher das Ausfallrisiko, also das Risiko, ob die Anleihe zurückgezahlt wird.

Fonds ermöglichen es Investoren, breit gestreut in eine Vielzahl von Vermögenswerte zu investieren. Durch die Streuung der Werte wird auch das jeweilige Risiko eines Verlustes geringer. Es gibt aktiv und passiv verwaltete Fonds, wobei die aktiven, die von einem Fondsmanager verwaltet werden, entsprechend höhere Gebühren haben. ETFs, passiv verwaltete Fonds, bleiben besonders beliebt, da sie geringe Gebühren haben und lediglich der Sektor, den man mit seinem Investment abdecken will, ausgewählt werden muss. ETFs bilden Indizes wie den S&P 500 nach und falls beispielsweise einige Unternehmen schlechte Quartalszahlen verkünden, worauf deren Aktien fallen, kann dieser Verlust durch die anderen Werte im Index wieder ausgeglichen werden. Dieses Prinzip gefällt einer Menge von Anlegern, vor allem Kleinanlegern, weswegen ETFs in den letzten Jahren vermehrt an Popularität gewonnen haben. Exchange-traded funds bieten somit verlockende Vorteile wie: Diversifikation, Kosten und Flexibilität. ETFs ermöglichen es, in Hunderte von Unternehmen gleichzeitig zu investieren, ohne alle einzeln kaufen zu müssen. Sie sind günstiger als aktiv gemanagte Fonds und sie können, wie andere Anlageprodukte jederzeit an der Börse gehandelt werden.

Der Zusammenhang von Risiko und Ertrag (Rendite) wurde bereits als Risk/Return ratio erwähnt, doch was ist darunter zu verstehen? Die Verbindung zwischen Risiko und Ertrag ist essenziell bei der Analyse eines Investments, da höhere

Renditechancen mit höheren Risiken einhergehen. Man muss sich also darüber bewusst werden, dass ein Investment, das sehr sicher und so gut wie risikofrei ist, nur extrem selten einen überdurchschnittlichen Ertrag generieren wird. Aktien bieten langfristig die besten Renditen, sind kurzzeitig aber verhältnismäßig recht volatil. Will man das Risiko weitestgehend minimieren, sollte man sein Portfolio diversifizieren. Das bedeutet, durch das Streuen von Investitionen über verschiedene Branchen, Regionen und Anlageklassen, wird das Risiko erheblich reduziert – die Gewinne möglicherweise aber auch.

Nicht zu vernachlässigen sind die Kosten und Gebühren, die bei dem Kauf eines Finanzproduktes anfallen. Denn schon selbst kleine Kostenunterschiede können langfristig Auswirkungen auf die Rendite haben, was nicht auf die leichte Schulter genommen werden sollte. Zum Beispiel können hohe Verwaltungsgebühren eines Fonds, die anfangs hohen Gewinne um ein gutes Stück schmälern. Bevor Anleger investieren, gilt also: Transparenz ist enorm wichtig, deswegen sollte immer die Gebührenstruktur des ausgewählten Finanzproduktes geprüft werden, bevor investiert wird.

13.2 Erfolgreich und nachhaltig Investieren

Ist man sich über die Art des Finanzproduktes, die Gebührenstruktur, die Risk-Return-Ratio und den Anlagezeitraum im Klaren, so fehlt lediglich die Strategie, um den Prozess des erfolgreichen Kaufs eines Investments zu vervollständigen.
Der Buy-and-Hold-Ansatz setzt darauf, hochwertige Aktien oder ETFs langfristig zu halten, anstatt ständig zu kaufen und zu verkaufen. Dadurch können Transaktionskosten und vor allem Zeit, die man für Recherchen et cetera aufwenden muss minimiert werden.

Das Gegenstück ist die Short-term-Strategie, welche ein durchaus höheres Risiko birgt und besser geübten Anlegern überlassen werden sollte. Viel Zeit und Recherche muss aufgebracht werden, und die horrenden Transaktionskosten stellen obendrein ein potenzielles Risiko dar. Wenn man weiß, was man tut, ist dies sehr profitabel, andernfalls kann es mit hohen Verlusten enden.

Auf den Zinseszins-Effekt zu setzen, ist ebenfalls eine sehr beliebte Strategie, vor allem unter den konservativ-gepolten Anlegern. Der Zinseszins, der darauf beruht, dass erzielte Renditen wieder investiert werden, bewirkt, dass das Vermögen exponentiell wächst. Das einzig Wichtige ist Zeit.

Beispiel: Eine jährliche Rendite von 7% kann ein Startkapital von 10.000 Euro über einen Zeitraum von 30 Jahren auf mehr als 76.000 Euro anwachsen lassen. Im folgenden Graphen lässt sich die erstaunliche Wirkung eines exponentiellen Wachstums deutlich erkennen.

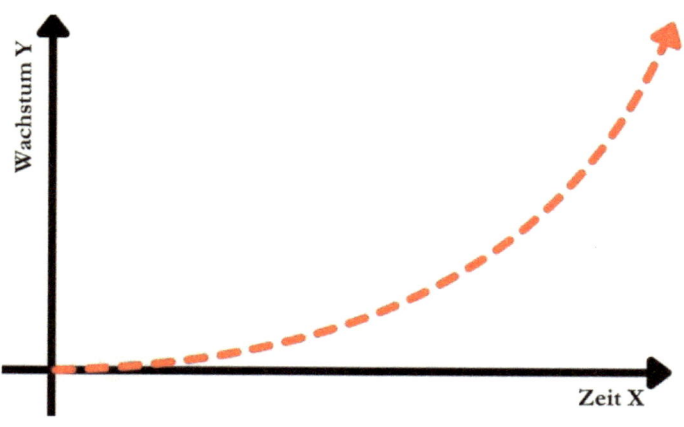

Einer der wohl wichtigsten Punkte, welcher von zahlreichen Anlegern unterschätzt wird, ist die Psychologie des Investierens.

Emotionen verleiten den Menschen zu Angst und Gier und sind deswegen die größten Feinde eines erfolgreichen Anlegers. Viele Investoren verkaufen in Panik während eines Marktrückgangs oder kaufen eigentlich völlig überteuerte Aktien in einer Phase der Euphorie. Rationales Denken ist der Schlüssel zum Erfolg und sollte beim Investieren berücksichtigt werden.

Disziplin und Geduld sind ebenso relevante Eigenschaften, denn wer langfristig investiert und kurzfristige Schwankungen ignoriert, hat bessere Chancen auf Erfolg. Eine klare Strategie und regelmäßiges Überprüfen des Portfolios helfen, Emotionen zu kontrollieren und die Auseinandersetzung mit Gründen für diverse Schwankungen stärkt das persönliche Marktverständnis und die Psychologie des Investierens.

Übungsfragen

1. Was ist der Unterschied zwischen dem Primär- und Sekundärmarkt?

2. Was versteht man unter dem Zinseszins-Effekt?

....

Beispielhafte Lösungen

1. Der Primärmarkt dient der erstmaligen Ausgabe von Wertpapieren durch Unternehmen oder Staaten (Stichwort: IPO). Auf dem Sekundärmarkt werden hingegegen bereits bestehende Wertpapiere zwischen Investoren gehandelt.

2. Der Zinseszins-Effekt beschreibt das Wachstum von Kapital, bei dem Zinsen auf das ursprüngliche Kapital sowie auf bereits erwirtschaftete Zinsen gezahlt werden (das Startkapital + erwirtschaftetes Kapital wird reinvestiert → thesaurierend). Auf diesem Wege vermehrt sich das Vermögen exponentiell.

Schlusswort

Mit dem Abschluss dieses Buches blicken wir auf die Grundlagen und Dynamiken eines Bereichs zurück, der unser aller Leben prägt – die Wirtschaft. Von den Prinzipien des Marktes über die Funktionsweise von Unternehmen bis hin zu den globalen Verflechtungen der Märkte wurden all die relevanten Zusammenhänge beleuchtet, die das Fundament der Wirtschaft bilden.

Den Begriff *Wirtschaft* tatsächlich zu verstehen, heißt bei weitem mehr, als nur Zahlen, Definitionen und Theorien zu kennen. Es bedeutet, die Vorgänge und Mechanismen zu begreifen, die gesellschaftlichen Fortschritt und die Entscheidungen jedes Einzelnen formen.

Die Bedeutung dieses Verständnisses zeigt sich nicht nur in politischen und wirtschaftlichen Debatten, sondern ebenso im alltäglichen Handeln, das auf jeden zutrifft. Ganz egal, ob es um Konsumentscheidungen oder den Einfluss spezieller makroökonomischer Ereignisse geht – fundiertes Wissen hilft, Chancen zu erkennen, mögliche Risiken zu minimieren und auf lange Sicht vor allem kluge Entscheidungen zu treffen.

Abschließend möchte ich Ihnen danken, dass Sie sich mit Neugier und Offenheit auf all die Themen dieses Buches eingelassen haben. Wichtig ist es, nicht nur *die Wirtschaft zu verstehen,* sondern auch die Entwicklung dieser kritisch zu reflektieren und weiterhin wissbegierig zu bleiben.

Die Wirtschaft verstehen
Was die Welt antreibt

ANMERKUNGEN

1/S.18

https://www.destatis.de/DE/Themen/Branchen-Unternehmen/Handwerk/Glossar/unternehmen.html#:~:text=Ein%20Unternehmen%20wird%20in%20der,der%20wirtschaftlichen%20Tätigkeit%20vornehmen%20muss

2, 3, 4/S.18, 19

https://www.destatis.de/DE/Themen/Branchen-Unternehmen/Unternehmen/Kleine-Unternehmen-Mittlere-Unternehmen/Glossar/kmu.html

5/S.33

https://www.destatis.de/DE/Themen/Staat/Oeffentliche-Finanzen/EU-Haushaltsrahmenrichtlinie/Tabellen/oeffentlicher-gesamthaushalt.html

6/S.36

https://www.bundesbank.de/de/service/schule-und-bildung/erklaerfilme/was-ist-geld--800972

7/S. 49

https://de.statista.com/statistik/daten/studie/1401483/umfrage/anzahl-der-weltweiten-handelsabkommen/#:~:text=Im%20Jahr%202024%20(Stand%3A%20August,357%20Abkommen%20im%20Jahr%202021.

8/S. 67

https://de.statista.com/statistik/daten/studie/73769/umfrage/prognosen-zur-entwicklung-des-deutschen-bip/

9/S. 72

https://de.statista.com/statistik/daten/studie/1018542/umfrage/anzahl-unterschiedlicher-kryptowaehrungen/#:~:text=Im%20Oktober%202024%20gab%20es,finden%20Sie%20auf%20unserer%20Themenseite.

10/S. 81

https://www.bmuv.de/faq/was-passiert-mit-gebrauchten-einwegflaschen#:~:text=Nach%20der%20Rückgabe%20wird%20die,in%20PET%20Einweggetränkeflaschen%2C%20erneut%20eingesetzt.

11/S. 83
https://www.wwf.de/themen-projekte/klimaschutz/klimaschutz-
deutschland/klimaschutz-in-der-industrie#:~:text=Die%20Dirty%2030%20–
%20die%2030,Emissionen%20des%20Industriesektors%20für%202022.

12/S. 92
https://www.destatis.de/DE/Themen/Laender-
Regionen/Internationales/Thema/bevoelkerung-arbeit-
soziales/arbeitsmarkt/Zwangsarbeit.html